THE
GENIUS

Appunti sparsi dopo la visione di 8 grandi
film di Ingmar Bergman

Salvatore M. Ruggiero

CRISI

(1946)

Titolo originale: *Kris*

Titolo in inglese: *Cris*

PRESENTAZIONE

L'esordio alla regia di Ingmar Bergman, all'età di ventisette anni, viene da tutti individuato nel lungometraggio *Crisi*[1], il suo primo vero film intero, del quale firma anche la sceneggiatura.
Ma il suo vero esordio nella regia cinematografica dovrebbe essere fatto risalire all'anno precedente.
Con l'incarico *pro tempore*, ricevuto dalla direzione, a dirigere una manciata di fotogrammi del film *Spasimo*[2] (film nel quale fu anche sceneggiatore e segretario di edizione).
In pratica Ingmar Bergman diresse solamente la scena finale, in sostituzione del regista titolare Alf Sjoberg, impegnato altrove.
"Quando il film era quasi terminato, ci fu il mio esordio come regista. Spasimo finiva, in realtà, con il superamento dell'esame di maturità da parte di tutti, eccetto che di Alf Kiellin, il quale usciva dal retro con la pioggia. Caligula era in piedi e salutava con la mano dalla finestra. Tutti dissero che questo finale era troppo oscuro. Così dovetti scrivere ancora una scena, che si svolgeva nell'appartamento della ragazza morta, dove il preside della scuola redarguiva Kiellin, mentre Caligula, da perdente impaurito urlava giù per le scale. La stessa scena finale mostra Kiellin nella luce del mattino, mentre s'incammina verso la città che si sveglia. Questi ultimi esterni ebbi l'ordine di girarli io, perché Sjoberg era impegnato altrove. Furono le mie prime immagini professionali. Ero pazzo dall'eccitazione.[3]"
Quella fu un'esperienza, breve ma intensa, e comunque importante.
Come nasce *Spasimo* lo racconta lo stesso Ingmar Bergman.
Alla Svensk Filmindustri si era deciso di realizzare una speciale produzione commemorativa della stagione '44-'45. L'azienda compiva 25 anni. Si dovevano fare sei film di qualità. Tra i registi ingaggiati c'era anche Alf Sjoberg. Mancava però una sceneggiatura

---

1   *Kris*, 1945.
2   *Hets*, 1944.
3   Ingmar Bergman, *Immagini.*

adatta. Allora Stina Bergman[4] si ricordò di *Spasimo*.

Il film narra la storia di un professore, che i suoi allievi hanno soprannominato Caligola, per via dei suoi modi di fare bruschi e violenti.

Per l'occasione l'attore che lo impersonava, Stig Jarrel, fu truccato in modo che somigliasse a Himmler, il gerarca nazista della Gestapo.

Appena dopo la guerra, nell'eco ancora freschissima degli orrori nazionalsocialisti, il film riscosse naturalmente il plauso e l'apprezzamento degli antinazisti e vinse anche un premio al Festival di Cannes nel 1946, il primo del dopoguerra.

"Dei sei film prodotti per il giubileo, Spasimo *fu l'unico ad avere successo.[5]"*

Dopo questo avventuroso esordio Ingmar Bergman colse la grande occasione offertagli dal direttore della Svensk Filindustri, che gli sottopose come soggetto l'opera di uno scrittore danese, un dramma a firma di Leck Fischer: *La bestia madre[6]*.

In 14 giorni e 14 notti il giovane Bergman scrisse la sceneggiatura commissionatagli dal direttore della Svenk Fimindustri, Anders Dymling.

Più tardi avrebbe confessato candidamente: *"Se me lo avessero chiesto, avrei sicuramente tratto una sceneggiatura anche dalla guida del telefono.[7]"*

Il film venne realizzato tra mille difficoltà.

E' il primo lungometraggio e si vede, nel bene e nel male.

Ingmar Bergman nella direzione è abbastanza incerto e inesperto, al punto che la casa di produzione gli affianca Alf Sjoberg, anziano ed affermato regista, che segue Ingmar Bergman come un'ombra e non è certo prodigo di buoni consigli.

Sul set si verificano, ad ogni modo, contrattempi, lungaggini, ritardi.

---

4   Era la vedova dello scrittore Hjalmar Bergman e dirigeva il reparto sceneggiature alla Svensk Filmindustri.
5   Ingmar Bergman, *Immagini.*
6   *Moderhjertet.*
7   Ingmar Bergman, *Immagini.*

4

Gli attori forniscono, quasi tutti delle performances disastrose. Grazie anche ad una raffazzonata costruzione del melodramma. *Dulcis in fundo* si verifica anche qualche incidente, uno dei quali risulta particolarmente grave.

Durante l'allestimento delle riprese della scena del suicidio di Jack, in strada, sotto l'insegna del salone di bellezza, ci fu un incidente nel quale si ferì gravemente un aiutante che doveva scaricare a terra una pesante cinepresa dalla quale invece fu schiacciato dopo essere caduti entrambi dall'alta piattaforma sulla quale era stata posizionata per una ripresa dall'alto, che peraltro si vede nel film.

Il malcapitato fu trasportato in ospedale dalla stessa ambulanza che avrebbe dovuto soccorrere, caricare e trasportare il "suicida".

Tra le maestranze, questo ed altri episodi, ai quali si aggiungono delle riprese disastrose e un pesante carico di superlavoro, diffondono il malumore.

Insomma siamo lontani dalla famosa frase del Maestro che conteneva la sua dichiarazione d'intenti artistica: *"Ogni forma di improvvisazione mi è estranea... Il cinema è per me un illusione progettata fin nei minimi dettagli, lo specchio di una realtà che quanto più vivo più mi appare illusoria.[8]"*

Con queste premesse non deve stupire che il film fu un fiasco nelle sale e portasse alla inevitabile rottura di Ingmar Bergman con la casa di produzione, facilitata dalle enormi spese di allestimento che lievitarono a dismisura rispetto ai piani preventivi.

Non ci sono in questo film nemmeno le avvisaglie dei temi che Ingmar Bergman affronterà nei sui film successivi, quelli che lo portarono al successo.

Non si parla di Dio; non c'è la ricerca della religiosità, della spiritualità e della fede; la paura della morte non è presente, se non sullo sfondo, come inevitabile effetto della malattia mortale di Ingeborg, l'insegnante di piano, affetta da cancro.

Che, peraltro, ne morirà.

Nel film Ingmar Bergman si concentra sulle persone e sui loro caratteri, mostrando anche le difficoltà dei rapporti interpersonali. Ed

---

8   Ingmar Bergman, *Lanterna magica.*

infatti fa la sua apparizione il problema della falsità e della finzione nei rapporti fra le persone.

Jack, l'attorucolo amante, prima dell'anziana Jenny, dalla quale si fa mantenere poi di Nelly, che seduce con uno stratagemma, è il primo fra i personaggi bergmaniani ad indossare la maschera; quindi anche il primo a velare la sua naturale ambiguità. Espediente che gli serve chiaramente per sopravvivere.

E anche per condurre una vita al di sopra delle sue possibilità, da saprofita, alle spalle di Jenny, che lo ospita anche nella sua casa.

Anche la madre di Nelly adotta una mezza maschera: se da una parte è veramente e sinceramente attratta dall'idea di avere una figlia abbandonata e cresciuta da altri (essendosi affrancata, così, dal principio espresso nel vecchio latinetto: *cuis commoda et eius incommoda),* dall'altra è spinta dall'idea pragmatica che la figlia ritrovata possa darle una mano , o, addirittura, avvicendarla alla guida del salone di bellezza.

Nel film nonostante queste falle s'intravede, tuttavia, qualche bagliore della successiva arte del Maestro svedese.

La tecnica della *"mise en abyme"*[9] ad esempio. La storia raccontata nella storia; il sogno vissuto nel sogno. Che Ingmar Bergman realizza con l'adozione di una voce fuori campo: un po' quello che avviene in teatro quando si sta aprendo il sipario sulla scena.

Il film si inizia infatti con una musica dai toni drammatici, la panoramica mite di una bella cittadina di provincia, con l'immancabile alto campanile a svettare sullo sfondo, e una voce maschile fuoricampo, altrettanto drammatica, che tratteggia così le coordinate della storia.

"La nostra è una piccola città che bagna i sui piedi nel fiume e si addormenta dolcemente nel verde. Non c'è neanche la ferrovia a rompere la dolce calma di questo idillio. Non c'è industria o porto a disturbare la pace del giorno o ad infrangere il silenzio della notte. L'unico evento della giornata è l'arrivo della corriera, che porta i giornali, la posta e qualche volto forestiero: volti che portano i segni

---

9   Jacques Mandelbaum, *Ingmar Bergman, I maestri del cinema. Cahiers du cinema.*

6

di una vita frenetica e pericolosa. Oggi con la corriera è giunta qui da chissà dove una donna. Di lei non si sa nulla e il suo aspetto è scandaloso. Vesti, volto, unghie e cappello, nonché gli occhi, ogni suo lato porta i segni di una vita nella grande città. Comunque i più astuti di voi possono ben immaginare cosa questa signora sia in grado di scatenare. Si tratta di una tal Jenny che dopo diciotto anni è tornata dalla figlia Nelly che aveva affidato alle cure della signora Ingeborg Johnsson. Molti concordano con lo zio Edward medico di Ingeborg quando dice: questo sarà un brutto colpo per la povera Ingeborg. La signora Ingeborg è un insegnante di piano e affitta una sua stanza a un veterinario che si chiama Ulf ma che lei usa spesso chiamare Uffe. La nostra storia comincia qui, non la definirei un dramma straziante, piuttosto un dramma quotidiano: dunque è quasi una commedia. E ora ... sia apra il sipario."

SINOSSI

La storia raccontata nel film è molto semplice e lineare.

Ridotta all'osso la trama racconta di una giovane diciottenne adottata che ritrova la madre, la segue in città e dopo qualche cocente delusione torna dalla donna che l'ha cresciuta e finisce per sposare l'uomo che l'ha sempre voluta in silenzio.

In un piccolo villaggio costiero, senza ferrovia, senza industrie e senza porto, abitato da una comunità conservatrice e pettegola, la vita scorre tranquilla. L'unico fatto importante della giornata è l'arrivo puntuale della corriera in piazza. Con quella un giorno arriva in paese Jenny (interpretata da Marianne Lofgren), donna mondana, di città, con un portamento che la gente del luogo, morigerata ma pettegola, individua subito come troppo moderno e cittadino, se non addirittura scandaloso.

Jenny è anche la madre naturale della diciottenne Nelly (interpretata da una giovanissima, quasi esordiente Inga Landgrè, uno dei volti femminili più noti e sfruttati nei primissimi film di Ingmar Bergman)

7

che, fin da bambina, è stata allevata dall'insegnante di pianoforte Ingeborg Johnson (Dagny Lind, attrice imposta alla produzione da Bergman, matura ma proveniente dal teatro, e senza grande esperienza cinematografica, che creò non pochi problemi alle linearità e alla efficacia delle riprese), una donna semplice, morigerata, sola e ammalata di cancro.

Così si racconta la stessa Ingeborg nella sceneggiatura del film: *"La nostra è una piccola cittadina di provincia, in cui una maestra di piano, come sono io, ha deciso, molti anni addietro di prendersi in casa una ragazza. Nelly, la cui mamma non poteva all'epoca farla crescere convenientemente. Ma adesso il mondo mi crolla addosso: Jenny - questo è il nome della madre - ha deciso di riprendere con sé la ragazza, in città, dove vive facendo l'estetista. Intanto io peggioro, e finisco per ammalarmi gravemente. Con la malattia acuisco anche i tratti del mio carattere, e divento possessiva, rancorosa nei confronti di Jenny, che mi ha portato via Nelly; e anche nei confronti di Nelly perché mi ha abbandonato proprio adesso, con tutto quello che ho fatto per lei nel passato, quando era sola al mondo e indifesa."*

Ingeborg come racconta lei stessa, insegna pianoforte ai bambini e, per arrotondare le scarse entrate, ospita in una stanza della casa un giovane veterinario di nome Ulf, che spesso chiama con confidenza Uffe (interpretato da Allan Bohlin). Un avvenimento banale, che dalla comunità viene, però, giudicato scandaloso e la contemporanea offerta della madre a trasferirsi con lei in città, inducono Nelly a partire.

La voce fuori campo narra.

"Al risveglio della città domenica mattina una nuova sensazione si aggiunse a quelle consuete. Le teiere bollivano nelle case e dicevano: qualcosa di orribile è accaduto ieri al ballo. C'erano dei forestieri. E' stato un ballo scandaloso come non mai. Ed è accaduto qualcosa a Nelly della signora Johnsson. Una cosa scioccante ed inspiegabile che ha reso imbarazzante la presenza di Nelly in città... dopo un simile scandalo."

Anche due signore comuni, incontratesi casualmente, parlano per strada dell'accaduto.

"Tu che cosa hai sentito Malin...? Beh! Che la signorina Nelly ha suonato la tromba al ballo! Non è stupefacente non avendola mai suonata prima?

Non l'ho mai sentita suonare la tromba.

Infatti non era una tromba.

Allora   era   un   organo?"

Trasferitasi in città dalla madre naturale, Nelly sembra iniziare una nuova vita. Una nuova vita che le sembra subito migliore della vecchia. Forse è solo più brillante, ma anche meno piena di umanità e di buoni sentimenti, ai quali lei era abituata.

Una delle scene clou del film vede il dialogo serrato tra Jack (interpretato da Stig Olin anche lui molto presente nei primi film di Bergman e padre di Lina Olin, anch'essa attrice bergmaniana e giovane interprete del film *Dopo la prova*[10]) e la signora Ingeborg Johnson.

Si svolge nella sala d'aspetto della stazione, dove la donna è in procinto di prendere il treno che la riporterà in paese dopo una fugace visita a Nelly.

Jack incontra casualmente sotto casa la signora Ingeborg, la riconosce, le si presenta, le strappa di mano la valigia e molto galante si offre di accompagnarla alla stazione.

Jack: *Ecco il suo biglietto, e questo è per il vagone letto, e dei dolci. E una rivista.*

Ingeborg: *Grazie per l'aiuto è stato molto gentile.*

Jack: *Di nulla.*

Ingeborg: *Ma non resti qui a perdere altro tempo.*

Jack: *Più tempo perdo meglio sarà.*

Ingeborg: *Non va alla festa insieme a Nelly?*

Jack: *Non è quello.*

Ingeborg: *No?*

Jack: *Non è indiscreto da parte sua chiedermelo.*

Ingeborg: *Cosa dovrei chiederle?*

Jack: *Ma Jenny verrà a quella festa? Così io le dirò: no, non verrà...*

---

10 *Efter repetitionen,* 1984.

Tutto è stato confuso. Finché non ho incontrato la sua ragazza. Dico la sua perché lei l'ha cresciuta. Anche se è stata Jenny a metterla al mondo. Beh... da allora non sono più una creatura lunare in una vita lunare. Mi capisce?

Ingeborg: *Veramente non molto.*

Jack: *Non è semplice da capire lo so. Ma ciò che voglio dire...*

Ingeborg: *E' innamorato di Nelly?*

Jack: *Non è questo. Non si tratta di questo... Io non posso innamorarmi. Sono già innamorato di me stesso. Ma Nelly... in qualche modo è vera. Lei sa cosa voglio dire?*

Ingeborg: *Si lo so.*

Jack: *E' così vera che io con lei divento irreale. E comincio a chiedermi perché vivo come un fantasma.*

Ingeborg: *Forse ora capisco.*

Jack: *Lei per me potrebbe essere la mia ancora nella realtà. Per il mio bene. Tutto qui. E' un punto di vista egoistico.*

Ingeborg: *Ma c'è un prezzo da pagare per questo.*

Jack: *Oh si. Se uno prende senza mai dare poi la punizione è estremamente severa.*

Ingeborg: *Posso avere una sigaretta. Le sue parole mi turbano.*

Jack: *Certo. La prenda.*

Ingeborg: *Grazie.*

Jack: *Devo dire che io l'ammiro.*

Ingeborg: *Mi ammira?*

Jack: *Lei ha dato e dato senza mai pensare a se stessa.*

Ingeborg: *Lei crede?*

Jack: *Nelly parla sempre di lei: Le vuole molto bene. E un giorno tornerà da lei e le restituirà il suo bene. Allora io e Jenny dovremo pagare. Jenny vive a mie spese. E io vivo a spese di Nelly. E' un meccanismo infernale. Dobbiamo mostrarci contenti di avere il suo sostegno. E le dirò un'altra cosa. Stasera mi toglierò questo vestito a strisce. Ne farò un pacchetto e lo spedirò a Jenny. E mi chiedo cosa farò subito dopo. Indosserò i miei vecchi vestiti. E lascerò Jenny e tutto quello che la circonda. Vivrò in un sottoscala dove può brillare la luce della luna. Guarderò fuori i campi irrorati, la baia e due grandi fabbriche di grano. Bene, ora dobbiamo sbrigarci se non vuole perdere il treno.*

Si alzano entrambi dalla panchina sulla quale sono seduti e Jack accompagna la signora Ingeborg al treno.

Ingeborg si rivolge ancora una volta a Jack: *Grazie per la compagnia.*

Jack: *Di nulla davvero.*

Ingeborg: *Cerchi di volere bene alla mia ragazza. Lei la vede come una... Non so dire se sia innamorata o no. Sono preoccupata. Sta per accadere qualcosa ma non so cosa.*

I due vengono bruscamente interrotti dall'altoparlante che invita i passeggeri a salire sul treno.

La visita alla figlia adottiva, la paura della solitudine, della malattia e della morte, durante il viaggio notturno in treno, riaprono nella mente della donna nuove ansie e antichi ricordi che sembravano ormai sopiti.

Molto probabilmente la crisi del titolo è quella che colpirà Nelly al culmine della malattia; oppure sono le continue crisi provocate dalla sua perenne mancanza di denaro. Oppure, ancora, la crisi è quella della finta coscienza lunare di Jack che, in una delle altre scene topiche del film, ammannisce a Nelly il gran segreto di non sopportare più il peso di un presunto omicidio col gas della sua ex fidanzata.

Omicidio che intende confessare e per il quale intende finalmente pagare.

Nelly: *Povero Jack.*

Jack: *Certo... certo.*

Nelly: *Ma vedi non devi dispiacerti per me, se nella vita si vogliono delle cose bisogna essere pronti a pagarne il prezzo.*

Jack: *Questo non mi impedisce di godere della tua dolcissima compassione.*

Nelly: *Vorrei poterti aiutare.*

Jack: *Tu puoi aiutarmi Nelly.*

Nelly: *E come?*

11

Jack: *Prendimi per mano, portami dalla polizia e dì: questo ragazzo deve confessare che è un assassino. L'agente di polizia allora si alzerà in piedi e dirà: Assassino? Sì, gli risponderai! Ha ucciso la ragazza con cui viveva. Era incinta. Lui ha aperto il gas. E ha fatto in modo che sembrasse un incidente. E' stato molto astuto... molto.*
Nelly: *E non hai rimorsi?*
Jack: *Non posso farci niente, Nelly.*
Nelly: *Verrò con te dalla polizia. Te lo prometto.*
Jack: *Domani?*
Nelly: *Sì... domani.*
Jack: *Sei così dolce con me Nelly.*
Nelly: *No.*
Jack: *Posso baciarti?*
Si baciano, sul letto. Jack confessa il suo amore per la ragazza e, probabilmente fanno l'amore. Ma il racconto che Nelly ha appena ascoltato da Jack potrebbe anche essere una pura invenzione. Un escamotage che il giovane usa per far capitolare le donne che insidia. Il dubbio viene insinuato da Jenny nella mente di Nelly che è stata appena sedotta dall'uomo. Smascherato da Jenny, Jack dichiara di volersi allontanare dalle due donne e di abbandonare la loro casa.
Vuole farla finita, nessuna delle due donne gli crede.
Ma lui, quasi impazzito, esce in strada e si spara sotto l'insegna luminosa del salone di bellezza. Nelly, smarrita e piena di dolore, decide di tornare in paese, a casa da Ingeborg, la madre adottiva. Li incontra Ulf che finalmente le si dichiara. L'inaspettato ritorno in casa di Nelly ridà ad Ingeborg una relativa tranquillità e anche la forza di affrontare la malattia e la sicura morte.

RECENSIONE

Certamente *Crisi* è un film fatto di volti e di espressioni. Il volto malato e l'espressione compassionevole di Ingeborg; il volto ingenuo e l'espressione dolce di Nelly; il volto finto e l'espressione

12

astuta di Jenny; il volto lunare e l'espressione vissuta di Jack; il volto serio, perennemente accompagnato da un'espressione matura, di Ulf.

Magnifico esordio nel lungometraggio di Ingmar Bergman. Nel quale conta molto la sua pregressa esperienza negli allestimenti teatrali.

Ma non è un *kammerspielfilm*, ci sono molti interni ma anche molti esterni: direi che vengono sapientemente alternati.

Da regista cinematografico egli trova un nuovo modo di montare le scene e di rappresentare la finzione con un costante, certosino e pratico lavoro tra "campo" e "fuori campo".

Molte riprese sono piatte sugli attori, c'è qualche *dolly*, panoramiche, qualche campo lungo, riprese dall'alto e, naturalmente, molti primi piani.

Tutto sommato *Crisi* è un ottimo film sulla difficoltà dei rapporti "malati" tra le persone; sulla compenetrazione tra finzione e realtà (tema assai caro a Ingmar Bergman); sulla verità e sulla menzogna (che si raccontino a se stessi e/o agli altri); sull'ingenuità e sull'arte del raggiro (nella quale è maestro l'infido Jack).

Appartiene, ovviamente, al primo ciclo del cinema di Ingmar Bergman, nel quale il regista punta il suo occhio da una parte sui sentimenti intimi delle persone, dall'altra sui problemi e sui guasti socio-economici di un paese appena uscito dalla seconda Guerra Mondiale, semi-isolato dal resto d'Europa e ancora profondamente permeato da un fervido protestantesimo di stampo luterano[11].

CURIOSITA'

Qualche curiosità.

Il vero *deus ex machina*, dietro le quinte del film, è l'anziano regista Alf Sjoberg, il maestro che rivestiva ufficialmente anche il ruolo di consulente di studio nella città del cinema e che, di tanto in tanto,

---

11 Il padre di Ingmar Bergman, Erik era un pastore protestante luterano.

appariva sul set, col suo prodigo carico di consigli per il giovane e promettente, ma barcollante, allievo Ingmar Bergman.

Durante la lavorazione del film compare sul set anche Viktor Sjostrom, attore e regista[12], qui nelle vesti di produttore accanto ad Harald Molander, che Ingmar Bergman considererà suo maestro ed utilizzerà come protagonista in due sue film successivi: nel 1950 in *Verso la gioia*[13] e nel 1957 ne *Il posto delle fragole*[14].

Durante la lavorazione del film Ingmar Bergman si trovò in mezzo alla guerra tra la Svensk Filmindustri di Anders Dymnling e la Città del Cinema di Rasunda di Harald Molander.

Quando si trattò di costruire il set della strada nella quale si uccide Jack sotto l'insegna illuminata del salone di bellezza le spese furono talmente gonfiate da causare alla Svensk quasi il disastro economico: si voleva creare, con questo stratagemma ed il conseguente *flop* del film di Ingmar Bergman, un indebolimento politico della leadership di Dymnling all'interno della Svensk Filmindustri.

Gli esterni del film furono girati a Hedemora, Dalarnas Lan mentre gli interni negli stabilimenti della Svensk Filmindustri, Filmstaden, di Råsunda, Stockholms län, dove furono costruite molte scene, compresa la strada sulla quale affacciava l'insegna del salone di bellezza di Jenny.

CONCLUSIONE

Alla luce di quanto si vede nel film mi pare di poter dire che il significato che Ingmar Bergman attribuisce alla parola crisi[15], quindi al titolo del film, va nella direzione che essa ha assunto nella cultura greca classica, cioè di: scelta, decisione, cambiamento, passaggio Il film fu un clamoroso fiasco al botteghino.

---

12 Un film per tutti: *Korkarlen* (*Il carretto fantasma*, 1921).

13 *Tjll gladje*.

14 *Smulltronstallet*.

15 La parola crisi deriva dal greco κρίση, che significa scelta o decisione.

Lo stesso Ingmar Bergman lo ammise anni dopo.
"Crisi arrivò nelle sale cinematografiche nel febbraio del 1946 e fu un fiasco solenne.[16]"
Sebbene lo stesso regista lo considerasse un film tutt'altro che brutto.
Alcuni giorni dopo la prima assoluta del film, squillò il telefono di Ingmar Bergman.
Era Lorens Marmstedt[17].
"Caro Ingmar è un film orrendo - disse - quanto di peggio si possa vedere! Ora faranno la fila per farti proposte."
E così fu.
Il film ebbe comunque il merito di far conoscere come regista un giovane Ingmar Bergman e di attirare su di lui gli occhi dei produttori, che videro il germe di un regista se non talentuoso, almeno scrupoloso professionista.
La carriera di Ingmar Bergman come cineasta era iniziata.

Ingmar Bergman all'inizio della sua carriera pare dividere il mondo in buoni e cattivi: ha una visione piuttosto manichea della vita.
Gli deriva con molta probabilità dalle lettura del filosofo danese Soren Kierkegaard.
Si è sedimentato in lui uno dei principi fondanti della filosofia esistenzialista kierkegaardiana: il principio della contrapposizione tra l'uomo etico e l'uomo estetico[18].
Nel film *Crisi* tale contrapposizione è marchiana, e si impersona in Jack e Ulf.
I due protagonisti maschili.
Jack è il cattivo, il millantatore, l'affabulatore, l'imbonitore, il manipolatore, l'edonista, l'uomo estetico, alla continua ricerca del piacere.
Pagherà il fio della sua superficialità suicidandosi.
Ulf (detto Uffe) è il buono, il mite, quello incapace di fare del male,

---

16 Ingmar Bergman, *Immagini.*
17 Un amico di Ingmar Bergman, titolare di una piccola casa di produzione cinematografica indipendente molto rinomata.
18 Soren Kierkegaard, *Aut-aut.*

sembra che sia capace solo di aspettare, lo spasimante perfetto che aspetta in silenzio il ritorno della sua amata, quello che alla fine viene premiato dal destino.

E anche tra le protagoniste femminili pare che Ingmar Bergman renda possibile la stessa distinzione; la stessa differenziazione in categorie morali: da una parte la donna etica, di sani principi, la madre adottiva di Nelly, la signora Ingeborg; dall'altra la donna quasi perduta, costretta a comprare l'amore e l'attenzione di un uomo molto più giovane di lei, la donna che mette da parte l'etica per il successo mondano, la vera madre di Jenny, Nelly.

Contrapposizione che pare quasi possibile cogliere anche tra i posti, tra i luoghi di appartenenza, tra la grande città e la cittadina di provincia.

Da una parte Ingmar Bergman tratteggia la tradizionale, sonnacchiosa, calma e puritana cittadina di provincia; dall'altra la moderna, corrotta, luminosa ma peccaminosa Stoccolma.

Mi pare il caso, quindi, di chiudere proprio con una frase di Soren Kierkegaard.

"Non c'è nulla che spaventi di più l'uomo che prendere coscienza dell'immensità di cosa è capace di fare e diventare."

La terra del desiderio

(1947)

Titolo originale: *till India land*

Titolo in inglese: *A ship bound for India*

PRESENTAZIONE

Terzo film di Ingmar Bergman. Quarto, secondo alcuni. Che conteggiano, evidentemente, anche le ultime scene del film, diretto in realtà da Alf Sjoberg, *Spasimo (Hets,* 1944) e girate dall'esordiente Ingmar Bergman in sostituzione dell'indisponibile titolare, per gentile concessione del produttore.

Alf Sjoberg, come Ingmar Bergman, si divide tra teatro e cinema, nel quale esordisce all'epoca del muto.

Dopo una parentesi di 10 anni alla guida del teatro Drammatico di Stoccolma[19], torna al cinema e, con un adattamento della *Signorina Giulia*[20], nel 1951, vince la Palma d'oro al Festival di Cannes.

E' grazie alla fiducia accordatagli ancora una volta dall'amico produttore Lorens Malmstedt[21], che Ingmar Bergman riuscì a realizzare questo film, la cui sceneggiatura fu tratta da una *piece* dello scrittore finlandese Martin Soderhjelm, *Nave per le indie.*

Racconta Ingmar Bergman.

"Lo scrittore aveva consegnato una sceneggiatura cinematografica, ma era inutilizzabile. Lorens propose di andare a Cannes, lui e io. Io avrei dovuto scrivere la sceneggiatura e lui avrebbe giocato alla roulette. Nel frattempo avremmo potuto mangiare e bere bene, incontrando donnine adatte al caso. Fu un bel periodo. Abitavo in una piccola camera dell'Hotel Majestic, su in alto, con vista sulla ferrovia e su due muri di protezione, e scrissi come un forsennato. Dopo due sole settimane, la sceneggiatura era pronta. Della piece di Martin Soderhjelm non rimaneva granché.[22]*"*

Si trattò di un film prodotto con pochi e semplici mezzi, molto lineare, quasi didascalico percorso da una continua morale che il regista fa pronunciare ai personaggi.

Racconta ancora Ingmar Bergman.

---

19 *Dramaten*, come confidenzialmente lo chiamano gli svedesi.
20 Dalla omonima *piece* di August Strindberg.
21 Il proprietario della casa di produzione cinematografica Terrafilm, amico di Ingmar Bergman.
22 Ingmar Bergman, *Immagini.*

"In men che non si dica, iniziò la produzione.[23]"

Johannes nelle scene iniziali del film si rivolge a Sally. *"C'è stata una gran tempesta stanotte: a volte ci vuole pulisce l'aria!"*
O, ancora, quando Sally si rivolge a Johannes prima che parta per l'india.
"Ho la sensazione che non ci sia niente al mondo che possa veramente durare. So solo che ti amo, tutto il resto non conta."
Sono solo alcune delle frasi tratte dalla sceneggiatura originale del film, che non si scordano molto facilmente e che il Maestro, nei momenti topici del film, fa pronunciare ai suoi protagonisti.
E che tutti vorremmo aver detto una volta nella vita.
Ingmar Bergman, insomma, pur essendo giovane ed inesperto di cinema, dimostra di saper scrivere: e sebbene non sia ancora maturo per il cinema (ma già ben attrezzato per il teatro) ci propone, anche in questo film, la solita sceneggiatura di ferro.
Va detto infatti che Ingmar Bergman nel 1939 (a ventuno anni) ottiene un contratto come assistente presso il Teatro dell'Opera di Stoccolma.
Nel 1940 (a poco più di vent'anni) inizia la sua attività teatrale come regista, mettendo in allestimento, in pochi mesi col Teatro Studentesco, prima Il Macbeth di Shakespeare poi Il pellicano di Strindberg.
Nel 1942 (a ventiquattro anni) è chiamato da Stina Bergman, allora dirigente dell'istituto, a collaborare come sceneggiatore alla Svensk Filmindustri.
Nel 1945 intensifica la sua collaborazione col Teatro di Helsingborg come Direttore e inizia anche a collaborare col Teatro Municipale di Goteborg.
Carriera teatrale che raggiungerà il suo culmine nel 1963, dopo i due premi Oscar consecutivi vinti nel 1961 con *La fontana della vergine*[24], e nel 1962 con *Come in uno specchio*[25], nel gennaio del

---

23 Ingmar Bergman, *Immagini.*
24 *Iunkfrukallan,* 1959.
25 *Sasom i en spegel,* 1961.

1963, quando è nominato Direttore del Dramaten[26].
Incarico che manterrà per molti anni.

Purtroppo i cronisti italiani, ancora una volta, dovranno registrare l'ennesima storpiatura del titolo originale.
Il titolo del film anche in questo caso verrà tradotto malissimo e in modo assolutamente fuorviante da distributori italiani, ignoranti e senza scrupoli, che strizzano l'occhio al botteghino e vogliono introdurre nel titolo pruriginose sfumature erotiche inesistenti nel film.
La terra del desiderio c'entra poco o nulla con *La nave per le Indie*, come sarebbe stato il titolo se dall'originale *Skepp till Indialand* fosse stato tradotto letteralmente e semplicemente in italiano.
Come, ad esempio (e che esempio di serietà e di devozione al Maestro) il titolo del film fu tradotto in inglese: *A ship bound for India*.

SINOSSI

Il film ha quattro personaggi principali, intorno ai quali ruota tutta la storia, più una mezza dozzina di comprimari.

I quattro protagonisti sono:
- Il Capitano Alexander Blom, interpretato da Holger Nowenadler;
- Johannes Blom, figlio del capitano, interpretato da Birger Malmesten;
- Alice Blom, moglie del capitano, interpretata da Anna Lindhal;
- Sally, prima amante del capitano poi sposa di Johannes, interpretata da Gertrud Fridh.

---

26 Teatro Reale di Arte Drammatica di Stoccolma, il più grande e storico dell'intera Scandinavia.

Il film, in buona sostanza, racconta la storia d'amore tra il marinaio Johannes (un giovanissimo Birger Malmsten, prototipo dell'attore bergmaniano dei primi lavori e che rivedremo il molti film successivi[27]: quasi una figura assiomatica dei primi film di Bergman) e Sally (una sbiadita Gertrud Fridh, che invece, per fortuna, non rivedremo più molto spesso).

Così la descrive Ingmar Bergman: *"Questa volta, contro il parere di Marmstedt, ero riuscito a ottenere che Gertrud Fridt avesse la parte principale femminile. Era un'attrice molto dotata, una bella brutta. Quando Lorens vide il provino fu terrorizzato e insistette perché lei fosse ritruccata. Così finì per sembrare una prostituta di qualche melodramma francese.[28]"*

Quando Johannes, all'inizio del film, le si dichiara, asserendo di non averla mai dimenticata nei sette anni in cui è stato lontano, lei lo respinge.

Lui vaga da solo sulla spiaggia sassosa ricordando i bei momenti andati.

Parte da qui un lungo *flash-back* che occupa tutta la parte centrale del film e nel quale Ingmar Bergman spiega l'antefatto.

Johannes, giovane di belle speranze, amante del suo lavoro e abbastanza serio ha un padre, capitano della nave, non altrettanto serio e morigerato.

In una delle bettole che abitualmente frequenta l'uomo conosce un giorno Sally, una cantante-ballerina che si esibisce in quei locali malfamati, e commette l'errore di portarla a casa sua, imponendo la presenza della donna prima alla moglie e poi a tutta la famiglia.

Tra Johannes e Sally, che sono coetanei, fiorisce presto l'amore.

E questo fa, ovviamente, lievitare la rabbia del padre nei confronti del figlio.

---

27 Prese parte anche a: *Musica nel buio* (*Musik i morker*, 1947), *Prigione* (*Fangelse*, 1948), *Verso la gioa* (*Till gladje*, 1949), *Un'estate d'amore* (*Sommarlek*, 1950), *Donne in attesa* (*Kvinnors vantan*, 1952), *Il silenzio* (*Tystnaden*, 1962), *L'immagine allo specchio* (*Ansikte mot ansikte*, 1975, solo come comparsa).

28 Ingmar Bergman, *Immagini*.

La moglie del capitano Blom, nonché madre di Johannes, cerca di convincere il marito a ritornare da lei.

Intanto durante una passeggiata i due giovani si rifugiano in un vecchio mulino e fanno l'amore.

In seguito Sally, si sgraverà del peso che le opprime la coscienza e confesserà al capitano il suo amore per suo figlio Johannes.

Seguirà una accanita discussione tra i due nel corso della quale Sally si rivolge al capitano Blom dicendo: *"Non sei altro che un fallito."*

Il padre, per questo precipuo motivo, tenterà di liberarsi della ingombrante presenza del figlio, suo rivale in amore, tentando di ucciderlo.

Durante una nuova immersione subacquea di Johannes, nella quale sono impegnati con la nave del capitano, per il recupero di un relitto.

Il padre addetto alla pompa dell'ossigeno gli interrompe volontariamente il flusso, ma Johannes scampa al tentativo del padre, dopo l'allarme lanciato dalla madre che si è accorta del sabotaggio proditorio del marito, e l'aiuto degli altri marinai. Il padre, fa inabissare il relitto che stavano recuperando, danneggiando tutto.

Tornato a riva, raggiunge l'appartamentino dove segretamente si rifugiava con la sua donna e ne distrugge tutte le suppellettili.

Quando arriva la polizia, che fa irruzione nella casa per arrestarlo, tenta di suicidarsi lanciandosi dalla finestra.

Non morirà per la caduta, ma resterà paralizzato per il resto della sua vita.

Il drammatico episodio convince il giovane che è meglio allontanarsi, partendo per terre lontane.

Quando il lungo *flash-back* finisce Johannes torna da Sally, le propone di ritornare insieme e di ricominciare una vita.

"Bisogna cercare di evadere quando ci sentiamo chiusi, altrimenti il muro si alza e non c'è che da buttarsi dalla finestra!"

Sally sulle prime resiste alle sue insistenze, poi accetta la proposta del giovane.

Infine insieme salgono sulla nave che salpa verso una vita nuova, tra un volo di gabbiani e un sottofondo di musica esotica, che rimanda didascalicamente a terre lontane.

Forse raggiungeranno una di quelle isole palmate e piene di sole riprodotte sulle cartoline che Johannes tiene appese alle pareti della sua cabina e che orgoglioso ha mostrato a Sally un giorno che la giovane andò a fargli visita.

Ancora una volta il finale spalanca le porte alla speranza e all'amore che trionfa sulle sciagure e sulle tragedie che l'uomo è così bravo a procurarsi da solo e a procurare ai suoi simili.

RECENSIONE

Film molto schematico.

Il giudizio di Ingmar Bergman: *"Proprio come in* Crisi, *c'erano alcune parti che dimostravano forza e vitalità. L'obiettivo era al punto giusto, le persone si comportavano come dicevano. In alcuni brevi momenti feci del vero cinema.[29] "*

Con alcune scene iniziali che costituiscono un breve prologo; un lungo *flash-back* centrale che costituisce il vero corpo del film; alcune scene finali che costituiscono l'epilogo. Girato poveramente, con pochi mezzi.

Ma a Ingmar Bergman non servono effetti speciali: ha già bene in mente quale sarà il suo cinema futuro.

Pochi *dolly,* molti primi-piani.

Egli mette in tavola quelli che sono indiscutibilmente i suoi piatti preferiti nel cd. primo periodo romantico:

rapporti tra le persone (specie di sesso opposto); rapporti problematici tra padre e figlio (emergono chiari accenni autobiografici); amore[30] come unico mezzo per garantire la convivenza tra le persone e come panacea di tutti i mali psicologici e

---

29 Ingmar Bergman, *Immagini.*
30 *L'amore abbraccia tutto, anche la morte* (Ingmar Bergman)

socio-economici.

Arriva l'eco lontana di uno scetticismo che si farà più marcato nei film successivi e che affonda le radici nella matrice protestante-luterana della sua formazione religiosa e negli studi di filosofia e soprattutto della filosofia esistenzialista kierkegaardiana, pessimista, religiosa e fatalista.

Sebbene il finale del film coi due giovani Johannes e Sally che si uniscono e partono insieme sia tutt'altro che pessimistico, anzi, apre una strada alla speranza.

Ma anche questi finali rispondono ad uno schema semplice ma collaudato nei primi film di Ingmar Bergman.

Imposta il film secondo uno schema semplice, quasi elementare: denuncia sociale, con particolare attenzione a personaggi di classi sociali tutt'altro che abbienti, se non addirittura basse; difficoltà nei rapporti interpersonali e interfamigliari e intersessuali, con aspetti particolarmente odiosi perché improntati a una cultura maschilista; chiusura con l'immancabile lieto fine.

L'unica speranza, dei cui lampi risulta screziato un po' tutto il film, traspare dai dialoghi, soprattutto da quelli dei due innamorati e dal finale di cui si è parlato.

E si arriva così ad un altra ipotesi cara al Maestro, prima della definitiva morte di Dio dal sapore marcatamente nietzschiano.

Quel *"Dio è amore, l'amore è Dio"*, con cui Ingmar Bergman pare rispondere qualche decennio dopo all'assordante ... silenzio di Dio.[31]

Ma il tema che in questo film si avverte prepotente è quello pesantemente autobiografico dei pessimi rapporti di Ingmar Bergman col padre Erik. Che verrà eviscerato in modo definitivo nel capolavoro *Fanny e Alexander*, del 1982.

La rigida educazione dei figli, l'assoluta mancanza di libertà che il giovane Ingmar arriva a paragonare, addirittura, al regime nazista, le punizioni esemplari impartite dal padre, così vengono raccontate da

---

31 Con i tre film della cd. *Trilogia religiosa: Come in uno specchio (Sasom i en spegel*, 1960), *Luci d'inverno (Nattsvardgasterna,* 1962) e *Il silenzio (Tystnaden,* 1962).

Ingmar Bergman nella sua autobiografia[32]:
"La nostra educazione si basava per la maggior parte sui concetti di peccato, confessione, punizione, perdono e grazia. In ciò era insita una logica che noi accettavamo e credevamo di capire.. Questo fatto contribuì alla nostra ingenua accettazione del nazismo. Non avevamo mai sentito parlare di libertà e ancor meno ne conoscevamo il sapore. In un sistema gerarchico tutte le porte sono chiuse."

Come Ingmar Bergman racconta esemplarmente nel suo capolavoro autobiografico *Fanny e Alexander*[33], le punizioni possono essere corporali (colpi di sferza o di battipanni) o anche psicologiche (la chiusura nel ripostiglio scuro).

"Altre punizioni erano: il divieto di andare al cinema; il digiuno; l'essere mandati anticipatamente a letto; la consegna in camera; compiti di matematica supplementari; colpi di verga sulle mani; tirate di capelli; servizio punitivo in cucina (che poteva essere anche molto divertente); la semplice emarginazione a tempo determinato e così via.[34]"

Ingmar Bergman si oppone, ovviamente, a questo trattamento disumano che contribuirà a deteriorare definitivamente i rapporti col padre, ma da adulto finisce per confessare di aver capito la dura *ratio* dei rigidi regolamenti imposti dal padre a lui al fratello Dag e alla sorella Margareth.

"Ora capisco la disperazione dei miei genitori. La famiglia di un prete vive come su un vassoio, senza alcuna protezione dagli sguardi estranei. La casa deve essere sempre aperta. La critica e i commenti della parrocchia sono costanti. Sia il papà che la mamma erano dei perfezionisti e dovevano certo vacillare sotto quell'assurda pressione.[35]"

Ingmar Bergman, nei sui scritti e nelle interviste che raramente concede, dichiara di aver tentato varie volte di recuperare il suo

---

32 Ingmar Bergman, *Lanterna magica.*
33 *Fanny e Alexander*, 1982.
34 Ingmar Bergman, *Lanterna magica.*
35 Ingmar Bergman, *Lanterna magica.*

rapporto filiale col padre e ne racconta accoratamente un passaggio felice, tratto ancora una volta dai suoi ricordi d'infanzia.

E' come vorrebbe che quei rapporti fossero sempre stati.

Un giorno era in gita col padre che spesso accompagnava nelle sue visite alle parrocchie di campagna.

La prosa del Maestro, che pare poesia, semplice, ma suggestiva ed efficace.

"Quando uscimmo dal bosco di betulle e ci inoltrammo tra i vasti campi della pianura, vedemmo i lampi sui colli. Grosse gocce caddero sulla strada polverosa creando rivoli e disegni. Io dissi: così dovremmo andarcene in giro per il mondo io e voi, papà. Papà rise e mi diede il cappello perché glielo reggessi. Eravamo allegri. Alla salita del villaggio abbandonato arrivò la grandinata... Le grosse gocce di pioggia si trasformarono in spessi pezzi di ghiaccio. Papà ed io ci affrettammo verso la fattoria.[36]"

Ingmar Bergman recupererà un minimo di rapporto col padre solo in età avanzata, quando lui era già famoso, la madre era già morta e il padre, quasi smemorato, era alle soglie della morte.

Nemmeno l'ombra del pastore protestante rigido e senza cuore che incuteva timore nei figli e gli impartiva quelle feroci punizioni corporali.

Quando papà rimase vedovo andai spesso a trovarlo, ci parlavamo con amicizia. Un giorno stavo discutendo qualche problema con la sua governante, sentimmo il suo passo lento e strascicato nel corridoio, lui bussò alla porta ed entrò nella stanza socchiudendo gli occhi alla luce violenta, evidentemente aveva dormito. Ci guardò meravigliato e disse: Karin è rientrata? Nello stesso istante si rese conto del doppio e doloroso errore. Sorrise imbarazzato: la mamma era morta da quattro anni e lui aveva fatto la figura dello stupido chiedendo di lei. Prima che facessimo in tempo a dire qualcosa agitò il braccio in segno di diniego e se ne tornò nella sua stanza.[37]"

---

36 Ingmar Bergman, *Lanterna magica*.
37 Ingmar Bergman, *Lanterna magica*.

Ingmar Bergman appunta nel suo diario gli ultimi giorni di vita del padre.

"22 aprile 1970: papà sta morendo... 25 aprile 1970: papà è ancora vivo. Cioè è del tutto privo di coscienza, l'unica cosa che funziona è il suo cuore forte...

29 aprile 1970: Papà è morto. E' stato domenica, alle quattro e venti del pomeriggio; la sua morte è stata dolorosa. [38]"

Dopo tanta tristezza voglio finire con una curiosità gustosa che riguarda il film in oggetto.

Ingmar Bergman, che non compare quasi mai nei suoi film, proprio ne *La terra del desiderio* si attribuisce un *cameo*.

Appare in una scena: è l'uomo col berretto al luna park.

CONCLUSIONI

Secondo Sergio Trasatti, che recensì il film all'epoca della sua uscita in Italia, *Nave per le Indie* è: *"...un film povero, realizzato con pochi mezzi. Un film semplice, lineare, didascalico. La morale è messa via via in bocca ai protagonisti... Alcuni temi cari a Bergman, si fondono qui con il racconto, a tratti anche banale, dell'amore contrastato tra i due giovani. C'è l'apologia dell'amore come unico ideale per il quale valga la pena di vivere, c'è il contrasto tra genitori e figli, c'è il riferimento a quel muro che ogni uomo, quando è sopraffatto dal suo egoismo, innalza attorno a se per evitare il rapporto con gli altri.*[39]"

Nave per le indie regala, al quarto tentativo, al suo autore Ingmar Bergman, se non il successo definitivo che arriverà più avanti di un decennio, almeno una notevole dose di autostima.

"Dopo aver terminato... fui preso da un euforico sentimento di

---

38 Ingmar Bergman, *Lanterna magica.*
39 Sergio Trasatti, *Ingmar Bergman.*

megalomania. Pensavo di essere grande in modo schiacciante, del tutto alla pari, in fatto di stile, con i miei idoli francesi.[40] "

Sebbene il suo amico produttore Lorens Marmestedt, per tenere a freno il suo impeto e la sua ambizione e per invitarlo a non rincorrere confronti al momento improponibili con i colleghi registi più anziani, spesso gli ripeteva: *"Devi tener presente che Birger Malmsten non è Jean Gabin e soprattutto tu non sei Marcel Carné."*

Secondo Ingmar Bergman: *"Lorens era un insegnante energico. Criticava senza scrupoli e mi costringeva a fare le riprese che riteneva brutte. Poteva dire: Ho parlato con Hasse Ekman che ha visto il materiale e ho parlato con Kilbom. Devo mantenere aperte le possibilità. Può succedere che tu non riesca a finire."*

Mettendogli così una buona quantità di sale sulla coda e costringendolo a fare sempre meglio per sbaragliare la eventuale agguerrita concorrenza.

Non sempre, comunque, avere il fiato del produttore Lorens Marmstedt sul collo riverberava effetti positivi sul risultato finale.

Come quando lo stesso produttore telefonò trafelato da Cannes, dove il film era stato appena presentato, per scongiurare il regista di convocare urgentemente il montatore, Tage Holmberg, e tagliare almeno quattrocento metri di pellicola per evitare un fiasco che, secondo lui, a quel punto, sarebbe stato più che sicuro.

Ingmar Bergman, che in quella occasione la ebbe vinta, si rifiutò ovviamente di tagliare un solo metro di pellicola e di snaturare il film, rimettendoci le mani sopra, non esitando a definirlo... *"quel capolavoro.[41] "*

Oppure come quando si dovette assistere ad una serie interminabile di disastri durante la prima assoluta al cinema Royal di Stoccolma.

I rulli non furono controllati; i dialoghi non si sentivano bene e non erano sincronizzati; quando Ingmar Bergman in persona intervenne perché l'operatore cambiasse il volume del suono e l'intensità, l'audio si sentì ancora peggio; il terzo e il quarto rullo furono scambiati tra loro.

---

40 Ingmar Bergman, *Immagini.*
41 Ingmar Bergman, *Immagini.*

Ancora una volta dovette intervenire il regista in persona che costrinse il proiezionista ad aprire la porta della cabina dove si era asserragliato e a proiettare prima il terzo e poi il quarto rullo, secondo l'ordine esatto.

Nella realizzazione dei suoi primi film Ingmar Bergman è costretto a peregrinare tra una casa di produzione e l'altra e questo, probabilmente, non lo aiuta a trovare quella uniformità di condizioni logistiche necessaria alla realizzazione di un prodotto al livello come lui stesso desidererebbe: *Spasimo*[42] fu prodotto dalla Svensk Filmindustri; come pure il suo vero esordio *Crisi*[43]; *Piove sul nostro amore*[44] e *Nave per le indie*[45], invece, dalla Sveriges Folksbiografer.
Dal 1947, eccetto un solo film: *Città di porto*[46] girato con la produzione di Terrafilm, la casa produttrice del suo amico Lorens Marmstedt, si inizia un lungo periodo in cui tutti i film di Ingmar Bergman saranno prodotti dalla Svensk Filmindustri.

Oltre che per produrre e distribuire i suoi film, la Svensk Filmindustri, la più importante casa di produzione e di distribuzione svedese, commissiona a Ingmar Bergman, tra il 1944 e il 1961, una serie di sceneggiature per i più importanti registi svedesi del momento: Alf Sjoberg, Gustav Molander e Alf Kjellin.

---

42 *Hets*, 1944.
43 *Krisis*, 1945.
44 *Det regnar pa var Karkek*, 1946.
45 *Skepp till Indialand*, 1947.
46 *Hamnestad*, 1948.

Monika
e il desiderio

(1952)

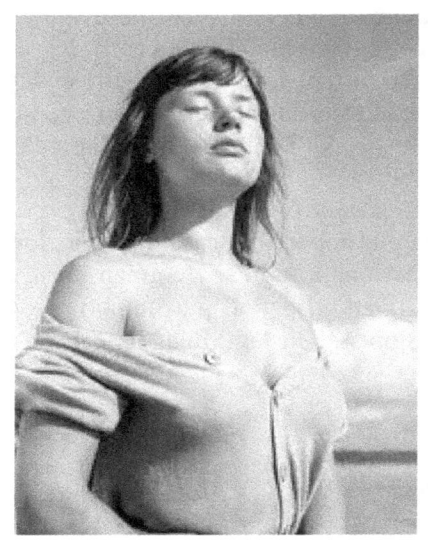

Titolo originale: *Sommaren med Monika*

Titolo in inglese: *The story of a bad girl*

PRESENTAZIONE

A voler essere sintetici il film *Monica e il desiderio*, uno dei più noti di Ingmar Bergman (anche per via del grande scandalo che seguì alla sua uscita), non certo uno dei più grandi, elabora: ..."*la storia di una ragazza che seduce un uomo, fuggono, trascorrono insieme l'estate al limite della legalità e, giunto l'inverno, tornano in città, hanno dei problemi e si lasciano.*[47]" I motivi per cui il film fece rumore, ebbe successo, sebbene a molti mesi dalla sua uscita, e resta una pietra miliare nel cinema di Ingmar Bergman sono sostanzialmente tre:

1) Costituì il lanciò definitivo di una giovane attrice, appena diciannovenne, bellissima e sfrontata: Harriet Andersson. Peraltro sconsigliata caldamente al Maestro da un anziano regista che aveva lavorato in precedenza con lei.

2) Fu pesantemente mutilato dalla forbice della censura che pensò bene di eliminare alcune scene erotiche che avevano per protagonista la bellezza fisica e travolgente della Andersson. *"Monica è essenzialmente corpo da nutrire, sesso da soddisfare, sorgente da alimentare.*[48]*"*

3) Da esso scaturisce una curiosa quanto proficua *querelle* di giudizi critici da parte di alcuni noti esponenti della *Nouvelle Vague* francese, il più noto dei quali fu il critico dei *Cahiers du cinema* e regista a sua volta, Jean-Luc Godard.

SINOSSI

Monika e Harry Lund, due giovani in cerca di vita e d'amore, si

47   *Conversazione con Ingmar Bergman* di Olivier Assayas e Stig Bjorkman.

48 S.Arecco, *Ingmar Bergman, Segreti e magie.*

conoscono in uno squallido bar. Insoddisfatti dell'umile lavoro, della paga modesta, della vita grama e del ruolo irrilevante che occupano nella società, decidono di fuggire insieme e di girare il mondo vivendo alla giornata. Raggiunta in motoscafo Orno, un'isola deserta nell'arcipelago di fronte a Stoccolma, vi si installano vivendo quasi allo stato brado. Si sostengono mangiando funghi spontanei raccolti nel bosco, frutti selvatici, frutta rubata dai frutteti vicini e, perfino, un trancio d'arrosto sottratto (da Monika) al buffet di una villa sull'isola vicina. Trascorrono le lunghe giornate estive scherzando e facendo l'amore, oziando, parlando, osservando il tramonto e bagnandosi in mare. Monika, che ha tanta voglia di vivere e di divertirsi, lascia a briglie sciolte la sua bellezza e la sua femminilità, con prorompente fisicità. Almeno fino a quando non si accorge di essere in cinta e si vede costretta a confessarlo ad Harry. Alla fine dell'estate decidono d'interrompere la fuga e di tornare in città con l'intento di regolare il loro rapporto, aiutati dalla vecchia zia di Harry. Cosa che puntualmente avviene. Ma, dopo un litigio violento, nel quale Harry accusa Monika d'adulterio - che lei nega, confessando tuttavia d'amare ancora la sua vecchia fiamma Lelle - si lasciano. Il film finisce con un *flash-back* nel quale Harry rivede in uno specchio i felici momenti estivi passati insieme a Monika.

...E un motoscafo si allontana sull'acqua.

STORIOGRAFIA

Da quando mi sono imbattuto nel grande cinema di Ingmar Ernst Bergman - e, di conseguenza, avendolo ritenuto in pratica inevitabile, ho iniziato ad interessarmene, a visitarlo spesso, quindi ad amarlo, infine, inusitatamente, addirittura a scriverne.[49] - circostanza che,

---

49 Dello stesso autore sono stati pubblicati, per i tipi di Lulu.com, altri libri su Ingmar Bergman: *Il genio di Uppsala. Il grande cinema di Ingmar Ernst Bergman spiegato a chi lo ignora; Parla con Bergman, 116 aforismi del Maestro; Faro magica; Un'estate con Monika.* In più sta lavorando a una

ovviamente, considero molto fausta e che, pressappoco, coincide con la scoperta del cinema in generale - che ho iniziato a frequentare e ad amare, ma di cui, per fortuna del mio lettore, non ho iniziato a scrivere - mi sono proposto di vedere e rivedere regolarmente quanti più film fosse possibile e, tra di essi, ovviamente, l'intera produzione del *Genio di Uppsala*[50]. Devo qui ammettere, dovendo sforzarmi di trattenere a stento una buona dose di intimo disappunto, che il secondo dei due obiettivi - quello prevedibilmente meno facile - è stato, nei fatti raggiunto, anche se solo parzialmente. Per motivi oggettivi e soggettivi, alcuni dei film di Ingmar Bergman - per fortuna sono una minoranza - specie quelli appartenenti di buon diritto al novero degli introvabili o dei difficilmente reperibili - ancora mancano, infatti e purtroppo, alla mia collezione. Testardamente, non dispero di poterne, alla fine, venire in possesso, per vederli e rivederli per il mio esclusivo piacere. Il primo dei due obiettivi - oggettivamente, il più facile da perseguire e da conseguire - dipendeva solo da me e dalla facoltà con la quale dispongo del mio tempo libero. E di tempo - grazie a Dio - ai miei impegni lavorativi e alla mia famiglia, non senza un pizzico di rincrescimento, riesco a rubarne abbastanza per coltivare le mie passioni: la lettura, la scrittura, il cinema. Ma mi accorgo ora di avere una pericolosa tendenza a divagare. Chiedo venia al mio lettore e riprendo subito il filo del discorso. Quel giorno fatidico - dicevo - avevo da poco terminato la mia ennesima, solitaria visione privata dedicata proprio al film in oggetto: *Sommaren med Monika*[51] (*Monica e il desiderio -*

---

serie di analisi monografiche su tutti i film di Bergman.

50 *Quando si tratta di film, voglio essere me stesso... penetrare nei segreti che si trovano dietro le pareti della realtà.* (Ingmar Bergman, *Immagini*, Milano, Garzanti 1992)

51 I *distributori italiani hanno tradotto improvvidamente il sincero* Sommaren med Monika (Letteralmente: Un'estate con Monica, N.d.A.) *con un più pruriginoso* Monica e il desiderio, *che fu proiettato nei nostri cinema solo nel 1961, sull'onda del successo internazionale di Bergman,* (arrivato con Det sjunde inseglet, Il settimo sigillo, 1957; Smulltronstallet, Il posto delle fragole, 1958; Jungfrukallan, La fontana della vergine, 1959; N.d.A.).

1952). Per i pochi che non lo sapessero, è uno dei film più conosciuti, fra i tanti - tutti molto conosciuti, peraltro - diretti da Ingmar Bergman[52]. Ed è anche uno dei miei film preferiti del mio regista preferito in assoluto (questo s'era già capito da un pezzo). Sempre a beneficio della sparuta minoranza che ancora non lo sapesse, è stato anche uno dei film preferiti, di uno dei registi preferiti, di Jean-Luc Godard, apprezzato critico cinematografico francese e buon direttore anche lui. Come vedremo in seguito egli vergò, in favore del cinema di Ingmar Bergman, giudizi entusiastici e concetti significativi, oltre che in alcuni suoi libri, anche per la mitica rivista di cinema francese: *Cahiers du Cinema*[53]. Sfortunatamente (o fortunatamente) la filmografia di Ingmar Bergman non consente una classificazione in periodi. Data la sua complessità e l'estrema originalità delle creazioni solo per alcuni film è possibile una divisione in gruppi, peraltro assai grossolana e, a mio avviso, non corretta. Purtuttavia si potrebbe, a buona ragione, affermare che storicamente il film di cui trattiamo qui appartiene al cd. *periodo romantico*[54], dedicato dal regista in larga parte alle donne, perché proprio in esso *per primo, Bergman aveva cominciato a fare il punto*

Quel titolo bizzarro è così rimasto appiccicato ad un film che racconta la storia di un amore giovanile, quasi fosse una parabola evangelica, fatto d'illusione, gioia e poi amarezza e abbandono. (Aldo Garzia, *Bergman The Genius*, Editori Riuniti, 2010). Niente di meglio, del resto, accadde negli Stati Uniti dove il titolo del film fu tradotto con un molto banale e fuorviante: *The story of a bad girl,* Sic! (N.d.A.).

52 Per la filmografia completa di Ingmar Ernst Bergman si rimanda alla pag. 85 del Saggio dello stesso autore: *Il genio di Uppsala. Il grande cinema di Ingmar Ernst Bergman spiegato a chi lo ignora.*

53 La più importante ed autorevole rivista di critica cinematografica del mondo.

54 Ne fanno parte i film: *Sommarlek* (*Un'estate d'amore*, 1951); *Kvinnors vantan,* (*Donne in attesa*, 1952); *Sommaren med Monika* (*Monica e il desiderio*, 1952); *Gyklarnas afton* (*Una vampata d'amore*, 1953); *En lektion i karlek* (*Lezione d'amore*, 1954); *Kvinnodrom* (*Sogni di donna*, 1955); *Sommarnattens leende (Sorrisi di una notte d'estate*, 1955).

34

e per esteso sulla condizione femminile, sul ruolo della donna nella società moderna e a preconizzare certe sue importanti conquiste sessuali[55]. Ed è uno dei primi dopo il cd. *periodo neorealista[56]*. Il film di Ingmar Bergman - molto apprezzato anche da numerosi altri autorevoli esponenti della *Nouvelle Vague* francese[57] - fu girato nel 1952; uscì nelle sale svedesi nel 1953; approdò in Francia già nel 1954. Mentre in Italia sarà distribuito solo nel 1961, sulla scorta dei grandi capolavori bergmaniani della seconda metà degli anni '50[58] Il primo dei *jeunes turcs[59]* ad attirare l'attenzione della critica francese sul cinema di Ingmar Bergman, fu Eric Rohmer, nel 1956. Avvenne per l'occasione di una retrospettiva dedicata al cinema scandinavo nel suo complesso, organizzata, a Parigi, dalla *Cinematheque Francaise*. Nel 1958 un'altra retrospettiva fu organizzata sempre a Parigi. Ma dedicata stavolta, dalla *Cinémathèque Francaise*, al

55 Salvatore M.Ruggiero, *Il genio di Uppsala. Il grande cinema di Ingmar Ernst Bergman spiegato a chi lo ignora*, Lulu.com Edizioni, 2012, pag.9.

56 O *dell'epoca del disagio socio-economico svedese: Kris (Crisi*, 1946); *Det regnar pa var karlek (Piove sul nostro amore*, 1946); *Skepp till India land (La terra del desiderio*, 1947); *Musik i morker (Musica nel buio*, 1948); *Hamnstad (Città portuale*, 1948); *Fangelse (Prigione*, 1949); *Torst (Sete*, 1949); *Till gladje (Verso la gioia*, 1950); *Sant hander inte har (Questo non accadrebbe qui*, 1950).

57 *Il film non fu accolto dalla critica in modo favorevole. I temi della sceneggiatura, la tecnica sperimentale delle riprese, le caratteristiche del personaggio di Monica erano un pugno nello stomaco della Svezia degli anni 50.* (Aldo Garzia, *Bergman The Genius*, Ed.Riuniti, 2010)

58 I film successivi al cd. *"periodo romantico"*, i grandi capolavori dell'arte cinematografica, dell'arte alta come così alta non era mai stata: *Kvinnodrom (Sogni di donna*, 1955); *Sommarnattens leende (Sorrisi di una notte d'estate*, 1955); *Dat sjunde inseglet (Il settimo sigillo*, 1956); *Smullstronstallet (Il posto delle fragole*, 1957); *Nara livet (Alle soglie della vita*, 1958); *Ansiktet (Il volto*, 1958); *Jungfrukullan (La fontana della vergine*, 1960)

59 I giovani critici cinematografici francesi radicali di sinistra dei *Cahiers du Cinema*.

cinema di Ingmar Bergman, celebrato come cineasta dell'anno e riconosciuto definitivamente come Maestro del cinema mondiale[60]. In quell'occasione Jean-Luc Godard magnificò l'opera di Ingmar Bergman in un suo splendido analitico articolo dedicato al film *Sommaren med Monika* (*Monica e il desiderio* - 1952) apparso sulla rubrica *Arts*. E passò ancora più analiticamente in rassegna l'intera opera del regista svedese in un altro studio pubblicato nel numero 85 dei *Cahiers du Cinema*, intitolato appunto: *Bergmanorama*[61].

"Esistono film di cui non si può dire niente, se non affermarne la bellezza. Un'estate d'amore[62] *è come un bicchiere d'acqua, c'è una tale purezza! (...) Il cinema non è un mestiere. E' un'arte. Non significa lavoro di gruppo. Si è sempre soli; sul set come davanti alla pagina bianca. E per Bergman essere solo significa porsi delle domande. E fare film significa rispondere ad esse.*[63] *Niente potrebbe essere più classicamente romantico."*

Con questi suoi lavori Jean-Luc Godard ebbe il merito di suscitare la curiosità generale, e il proliferare di altre importanti, autorevoli recensioni, firmate, tra gli altri, dai suoi colleghi critici-registi: Andrè Bazin, Andrè S. Labarth e Jacques Rivette. Pare pleonastico ricordare qui come quel massiccio interessamento dei francesi al film e al cinema di Ingmar Bergman abbia contribuito non poco alla nascita,

---

60 J.L.Godard, *Bergmanorama,* in *Cahiers du cinema*, n. 85, 7/1958.

61 *Bergmanorama* è anche il nome di uno dei siti più curati ed importanti tra tutti quelli dedicati nel Web ad Ingmar Bergman.

62 Altro famosissimo film di Ingmar Bergman, *Sommarlek* - 1951.

63 Senza avere l'ardire di contraddire un mostro sacro del cinema e della critica cinematografica, mi sia però concesso di dissentire da questa personale opinione di J.L.Godard: Ingmar Bergman non ha mai sostenuto di avere le risposte ai numerosi e ponderosi quesiti che pone nei suoi film ...*"Ha usato il suo cinema per porsi una notevole quantità di domande, e per cercare al contempo delle risposte plausibili... Alcune sono venute, altre sono mancate..."* (*Il Genio di Uppsala*, Salvatore M.Ruggiero, Lulu.com Ed., 2012)

alla diffusione e alla continuità del mito cinematografico che, fino ad oggi, ha accompagnato incessantemente - e per i prossimi decenni accompagnerà ancora - il film, l'attrice, il regista. "... *La ripresa di* Monica e il desiderio *nel circuito commerciale è l'evento cinematografico dell'anno. (...) Snobbato quando uscì sui boulevards* Monica *è il film più originale del più originale dei cineasti. Sta al cinema di oggi come* Nascita di una nazione[64] *sta al cinema classico. Così come Griffith influenzò Ejzenstejn, Gance, Lang, così* Monica, *con cinque anni d'anticipo, portava al suo apogeo quella rinascita del giovane cinema moderno di cui erano i sacerdoti Fellini in Italia, Aldrich a Hollywood, (e forse sbagliammo a crederlo) Vadim in Francia. (...) Bergman è il cineasta dell'istante. La sua cinepresa cerca una cosa sola: riuscire a cogliere il secondo presente in quello che ha di più sfuggevole e approfondirlo per dargli valore eterno. (...) Come moderni Robinson Crusoe, Monica e il suo ragazzo, armati solamente di un sacco a pelo per riparare il loro amore, volteranno presto le spalle alla gioia per sprofondare nella nausea. Il regista francese fu affascinato dalla sequenza in cui Monica (Harriet Andersson) fissa ostinatamente la macchina da presa. Lo fece ben cinque anni prima di Gelsomina (Giulietta Masina), nel personaggio felliniano del film* La strada.[65] *Bisogna aver visto* Monica - disse - *non fosse che per quegli straordinari minuti durante i quali Harriet Andersson, prima di tornare nuovamente a letto con il tipo che aveva lasciato* (Lelle, n.d.A.) *guarda fisso la cinepresa, i suoi occhi ridenti velati di sgomento, prendendo lo spettatore a testimone del disprezzo che ha di se stessa per aver scelto involontariamente l'inferno invece del cielo[66]. (...) E'*

---

64 *The Birth of a Nation* (1915) di David W.Griffith.

65 Sergio Trasatti, *Ingmar Bergman*, Ed. Il Castoro, Milano, 1995. Quasi sicuramente il critico confonde il film di Fellini: non si tratta, infatti, de *La strada* ma di *Giulietta degli spiriti*.

66 *"Per la donna esisteva la possibilità di fare la vita in modo libero e artigianale, collocandosi in una dimensione ambigua e non priva di pericoli."* (Claudio Papini, *Ben ritrovato Ernst Bergman,* De Ferrari Ed., Genova 2011)

il primo piano più triste della storia del cinema.[67] *(...)* Monica *è il primo film baudelairiano. Solo Bergman è capace di filmare gli uomini come li amano ma li detestano le donne e le donne come le detestano ma le amano gli uomini.*" Aggiungendo, alla fine della sua enfatica recensione: "*... Ognuno dei suoi film nasce da una riflessione dei protagonisti sul presente, approfondisce tale riflessione attraverso una sorta di frantumazione della durata, un po' alla maniera di Proust, ma con maggiore forza, come se Proust fosse stato moltiplicato da Joyce e Rousseau insieme, e infine diventa una gigantesca e smisurata meditazione a partire da un'istantanea. Un film di Bergman è per così dire 1/24 di secondo che si trasforma, si dilata in un'ora e mezza. E' il mondo fra due battiti di palpebre, la tristezza fra due battiti di cuore, la gioia di vivere tra due battiti d'ali.*[68]" In *Bergmanorama* Jean-Luc Godard distinse e contrappose due tipi di cinema: il cinema rigoroso e il cinema libero. Tra gli esponenti del secondo tipo incluse, appunto, Ingmar Bergman. I giovani critici radicali di sinistra francesi dei *Cahiers du Cinema* (Rohmer; Godard, Rivette, Chabrol, Truffaut) se ne ricorderanno al momento di passare alla regia e terranno bene a mente la fondamentale lezione bergmaniana.[69] "*Quanto all'uso funzionale del paesaggio, Godard osserva che Bergman è l'unico cineasta moderno che non rifiuta i procedimenti cari agli avanguardisti degli anni trenta: sovrimpressioni alla Delluc; riflessi nell'acqua di Kirsanoff; controluce alla Epstein.*[70] *Non sono giochi gratuiti della macchina da presa o prodezze dell'operatore. Bergman sa sempre integrarli alla psicologia dei personaggi nell'istante preciso in cui deve esprimere un sentimento preciso.*[71] Emblematica,

---

67 "*Che cosa sognavamo quando Monika uscì sugli schermi parigini?*" Si chiede entusiasta Jean-Luc Godard in: *Monika, Arts*, n.680, 30 Luglio 1958.

68 Jean-Luc Godard, *Monika*, Arts, n.680, 30 Luglio 1958.

69 Jacques Mandelbaum, *Maestri del Cinema: Ingmar Bergman*, Cahiers du Cinema, Sarl, Parigi, 2007.

70 Sergio Trasatti, *Ingmar Bergman*, Ed. Il Castoro, Milano, 1995.

71 Jean-Luc Godard, *Il cinema è il cinema*, Garzanti, Milano 1981.

da questo punto di vista, la carrellata del motoscafo che, all'inizio del film, abbandona Stoccolma ancora addormentata. Altrettanto emblematica la carrellata del motoscafo che, alla fine del film, arriva in una Stoccolma che si va addormentando.

Indubbiamente un altro incontro, altrettanto fortuito e fortunato, ma ugualmente decisivo per la realizzazione del suo celeberrimo film, fu quello che Ingmar Bergman, alla ricerca della protagonista, ebbe con Harriet Andersson. Attrice emergente, dal gradevolissimo aspetto personale, eccezionalmente fotogenica ed incredibilmente disinvolta. Lei non solo si rivelò adattissima al ruolo ma si calò subito e perfettamente nella parte. "... *Avevo appena scoperto Harriet. (...) Lei aveva già recitato in qualche film, così ho chiesto a un regista che aveva lavorato con lei se pensava che avrei potuto assegnarle la parte. <Non credo -* rispose *- se lo fa, sarà a suo rischio e pericolo.> (...) Per la parte di Monica fu scelta una giovane attrice che recitava in spettacoli di varietà allo Scala Teater, con calze a rete ed eloquenti spacchi nel vestito. (...) Aveva qualche esperienza cinematografica ed era fidanzata con un giovane attore. (...) Ero affascinato da quella ragazza. Lei lavorava in un music-hall con una compagnia incredibile: cantava, ballava, raccontava storielle sconce.[72] (…) A fine luglio ci portammo in una delle più remote isole dell'arcipelago per girare gli esterni.* Monica e il desiderio *era stato programmato come film a budget ridotto, con risorse limitate e un minimo di personale. Abitavamo al Klockargarden di Orno e ogni mattina coprivamo un percorso di alcune ore con le barche dei pescatori per arrivare a un pittoresco gruppo di isole nell'estremo arcipelago. Fui subito preso da un'euforica spensieratezza. I problemi professionali, economici e matrimoniali calarono dietro all'orizzonte. Conducevamo una vita protetta, all'aria aperta, lavoravamo di giorno, di sera, all'alba e con qualsiasi tempo. Le notti erano brevi, il sonno senza sogni.[73]*

---

72 Olivier Assayas e Stig Bjorkman, *Conversazione con Ingmar Bergman*, Lindau, Torino, 1994.

73 Ingmar Bergman, *Lanterna magica*, Garzanti, Milano 1987.

Harriet Andersson sembrava, anzi lo era, il perfetto *alter-ego* di Monica. Perciò, fu quasi inevitabile che diventasse subito la compiuta personificazione e la definitiva icasticizzazione della bella, giovane, ribelle e sfrontata Monica. L'alchimia che si era creata fin da subito tra il regista e l'attrice protagonista (determinata, oltre che dalla stupefacente bellezza della giovane donna, anche dalla straordinaria naturalezza e disinvoltura con la quale l'attrice s'impossessò di quel ruolo - peraltro non facilissimo - e lo recitò, in qualche scena, anche completamente nuda) fu perfetta. La giovanissima e quasi esordiente Harriet Andersson (all'epoca delle riprese aveva solo diciannove anni) divenne l'icona del film e, in seguito, una delle attrici feticcio del Maestro. Non bastasse questo, negli anni immediatamente successivi, e anche dopo un trentennio, fu la protagonista in ben nove film di Ingmar Bergman.[74] E fu in quegli anni e per un periodo, per la verità, non troppo lungo, anche la compagna di vita del regista. Così lo stesso Ingmar Bergman racconta quanto accadde in quei giorni, nella sua autobiografia.[75] "... *Quando tornammo dalla nostra avventura sull'arcipelago, raccontai a Gun (la moglie di Bergman, n.d.A.) quel che era successo e le chiesi qualche mese di respiro, perché sia io che Harriet eravamo convinti che la nostra relazione non sarebbe durata a lungo. Gun andò su tutte le furie e mi mandò all'inferno. Io rimasi stupito dalla sua collera possente, mai prima osservata, e provai un gran sollievo. Misi in valigia alcune cose di mia proprietà e mi trasferii di nuovo*

74Harriet Andersson partecipò a nove film di Bergman, ponendosi al secondo posto nella classifica delle attrici bergmaniane, a pari merito con Liv Ullman e superata solo da Bibi Andersson con undici partecipazioni: *Sommaren med Monika* (*Monica e il desiderio*, 1953); *Gyklarnas afton* (*Una vampata d'amore*, 1953); *En lektion i karlek* (*Una lezione d'amore*, 1954); *Kvinnodrom* (*Sogni di donna*, 1955); *Sommarnattens leende* (*Sorrisi di una notte d'estate*, 1955); *Sasom i en spegel* (*Come in uno specchio*, 1961); *For atte inte tala om alla dessa kvinnor* (*A proposito di tutte queste signore*, 1964); *Viskningar och ropo* (*Sussurri e grida*, 1972); *Fanny och Alexander* (*Fanny e Alexander*, 1982).

75 Ingmar Bergman, *Lanterna magica*, Garzanti, Milano 1987.

40

nel monolocale."

Ingmar Bergman racconta ancora di Harriet Andersson. "… *Quando dovetti fare* Monica e il desiderio, *presso la direzione della produzione l'incertezza era grande. Domandai a Gustaf Molander di Harriet. Lui mi guardò e, strizzando l'occhio, disse: <Se tu credi di poter ricavare qualcosa da lei è divertente.> Soltanto più tardi capii il sottinteso gentile e scabroso che si celava nella raccomandazione del regista più anziano. (…) Harriet era molto bella. Aveva diciannove anni. Abbiamo fatto il film. Quello è stato un periodo bellissimo. (…) La macchina da presa s'innamora di quella ragazza.[76] Anche perché la sua relazione con la macchina da presa è diretta e sensuale. Ha inoltre una tecnica superba e si muove velocissima tra la più intensa ispirazione e la sobria osservazione. Il suo umorismo è aspro, ma mai cinico. Una persona amabile e una delle mie più care amiche.[77] (…) Lei ha una storia d'amore con la macchina da presa.[78] (…) La macchina da presa la stimola e lei se ne sente estremamente stimolata. Una relazione molto strana...[79] (…) Se lei la vede in* Monica e il desiderio *e poi in* Sussurri e grida... *io credo che lei... insomma... che lei sia una delle più grandi attrici del mondo.[80] (…) Non so spiegarlo... Non so spiegarlo... Ma era meraviglioso lavorare con lei perché è una persona piena di vita. Tecnicamente perfetta...[81]."*

Ingmar Ernst Bergman, che firmò la pellicola, nel suo libro-diario[82], così descrive la sua attrice impegnata nella stessa famosissima

---

76 Olivier Assayas e Stig Bjorkman, *Conversazione con Bergman*, Lindau, Torino 2007.

77 Ingmar Ernst Bergman, *Lanterna magica*, Garzanti, Milano 1987.

78 Olivier Assayas e Stig Bjorkman, *Conversazione con Bergman*, Lindau, Torino 2007.

79 Ibidem.

80 Ibidem.
81 Ibidem.
82 Ingmar Bergman, *Immagini,* Milano, Garzanti 1992.

sequenza. *"... Harriet Andersson è uno dei geni della cinematografia. Se ne incontrano soltanto alcuni esemplari durante il cammino tortuoso attraverso la giungla di questo mestiere. Ecco un esempio. L'estate è finita. Harry non è in casa, Monika esce con Lelle. Al caffè lui fa suonare il juke-box. Nel fracasso dello swing la cinepresa si volta verso Harriet. Lei sposta lo sguardo dal suo partner direttamente sull'obiettivo. Così veniva stabilito, all'improvviso e per la prima volta nella storia del cinema, un impudico contatto diretto con lo spettatore."*

Sempre Ingmar Bergman, parla ancora del suo film, ricordando i bei momenti in cui girava sull'isola di Orno. *"... Devo dire che* Monica e il desiderio *è un film fatto per gioco. Fui subito preso da un'euforica spensieratezza. I problemi professionali, economici e matrimoniali calarono dietro all'orizzonte. Conducevamo una vita piuttosto protetta, all'aria aperta, lavoravamo di giorno, di sera, all'alba e con qualsiasi tempo. Le notti erano brevi, il sonno senza sogni. (...) La mia idea era di fare un film a basso costo, in condizioni improntate a una rigorosa semplicità, lontano dagli studi e riducendo al massimo il personale. Non ho mai fatto un film meno complicato di* Monica. *Tiravamo semplicemente avanti e si girava. Ci rallegravamo della nostra libertà. Il successo di pubblico fu considerevole."*

Né bastò a cambiare quello stato d'animo di sublime esaltazione descritto così enfaticamente dal regista un infausto incidente. L'inusitato quanto disgraziato errore, nello sviluppo della pellicola già girata, che costrinse la troupe a rifare tutto il lavoro di ripresa dall'inizio. *"... Dopo tre settimane di fatiche mandammo a sviluppare i nostri risultati. A causa di una macchina difettosa, il laboratorio fece un graffio di migliaia di metri sulla pellicola e bisognò rifare quasi tutto. Per salvare le apparenze piangemmo qualche lacrima ipocrita, ma eravamo segretamente felici per la nostra prolungata libertà. Girare un film è un'operazione intensamente erotica.*[83] *La vicinanza con gli attori non conosce*

_____

83 A questo punto un autore più impertinente si chiederebbe se Bergman

riserve, ognuno si affida totalmente all'altro. L'intimità, l'affetto, la dipendenza, la tenerezza, la fiducia, la disinvoltura davanti al magico occhio della macchina da presa danno un caldo e forse illusorio senso di sicurezza. Tensione, distensione, lo stesso ritmo di respirazione, momenti di trionfo, momenti di depressione. L'atmosfera è irresistibilmente carica di sessualità. Ci vollero molti anni perché imparassi finalmente a fermare la macchina da presa, a spegnere i riflettori per un giorno.[84] "

Tuttavia il bello e originale film di Ingmar Bergman fu inspiegabilmente ed erroneamente sottovalutato e, altrettanto frettolosamente, classificato fra quelli minori del grande regista svedese. Molte recensioni furono addirittura affidate e firmate dai vice. Numerosi critici italiani espressero pareri negativi[85]. Colpì, invece, molto positivamente, tra gli altri, anche Francois Truffaut, il regista francese più in voga del momento.[86] Egli non solo ne parlò, ma ne scrisse, anche lui in termini entusiastici, almeno pari a quelli del collega precorritore Jean-Luc Godard. E citò apertamente sia il film che la Andersson in una celeberrima scena della sua opera più considerata. E' rimasta famosa, infatti, la scena de *I quattrocento colpi*[87] nella quale il ragazzino Antoine Doinel - chiaramente *alter-ego* del regista - stacca dalla bacheca di un cinema la celebre foto, tratta dai fotogrammi del film. In essa era raffigurata, appunto,

---

riferisse l'affermazione a tutti i suoi film o ne limitasse l'ambito solo a questo film e a quell'attrice.

84 Ingmar Bergman, *Lanterna magica*, Garzanti, Milano, 1990.

85 Giacinto Ciaccio liquidò il film scrivendo: *Un dramma insieme bislacco, discutibile e commovente.* Mario Verdone definì il film: *Un film minore... un solo, efficace, studio di donna.* Alfonso Moscato, ritenne eccessivo, nel film: *... il parallelismo tra la natura e l'animo della ragazza.* (Dal libro: *Ingmar Bergman*, S.Trasatti, Ed.Il Castoro, Milano, 1995).

86 Introdotto al cinema, prima come critico poi come documentarista, dall'amico regista e critico più anziano Andrè Bazin.

87 Titolo originale: *Le quatre-cent coups* (1959).

Monica con gli occhi chiusi, il viso che sfida il sole e la scollatura del golfino abbassata a lasciarle completamente nude le spalle, parzialmente scoperti i seni e nascosti, a mala pena, gli intuibilissimi capezzoli. Immagine molto bella e - cosa che non guasta mai - grondante sensualità pura. Divenuta - anche, ma non solo per questo semplice motivo - icona del cinema bergmaniano e mondiale.

Il film, ad alto contenuto erotico, creò non pochi problemi a Ingmar Bergman, non solo negli altri paesi, ma addirittura per la sua distribuzione nelle sale cinematografiche della pur avanzata e disinibita Svezia. Anche nella versione originale svedese, infatti, fu tagliata l'inquadratura di Monica che si accarezza il seno voluttuosamente. Ma tutto il film fu censurato pesantemente. In particolare la forbice della censura colpì:

1) la scena in cui Monica fugge completamente nuda verso il mare, sotto gli occhi di Harry;

2) l'inquadratura di Monica stesa a seno nudo sul motoscafo;

3) la scena nella quale Harry prende Monica quasi con la forza strappandole i vestiti di dosso.

Cercando materiale per il mio studio, sono anche venuto a conoscenza della sconfinata bibliografia che correda il film: frutto dello studio di numerosi, autorevolissimi critici cinematografici[88]. E anche di un curioso, gustosissimo aneddoto dal quale scaturì l'idea primigenia per la realizzazione dello storico, celeberrimo film. Lo stesso Ingmar Bergman così lo racconta nel suo libro-diario *Immagini*. "*... Mentre preparavo* Donne in attesa[89], *io e Per Anders Fogelstrom ci incontravamo regolarmente. Lui mi disse che era alle prese con la storia di una ragazza e di un ragazzo che scappano insieme e vivono in modo primitivo nell'arcipelago, prima di far*

---

88 Oltre a tutti gli altri citati il primo libro tra quelli non consultati, perché mai tradotto in italiano, è: *Monika de Ingmar Bergman* di Alain Bergala.

89 Altro notissimo film di Ingmar Bergman (Titolo originale: *Kvinnors vantan*, 1951).

ritorno nella società.[90] (...) Ma è un film! [91] (Esclamò Ingmar Bergman, stupefatto. - n.d.A.) *...Scrivemmo insieme la sceneggiatura, che fu consegnata alla Svensk-Filmindustri corredata da precise istruzioni per l'uso. La mia idea era di fare un film a basso costo, in condizioni improntate a una rigorosa semplicità, lontano dagli studi e riducendo al massimo il personale.* Monica e il desiderio *ebbe il segnale di via libera come mio secondo film ai tempi del mio contratto da schiavo. Il provino con Harriet Andersson e Lars Ekborg fu realizzato in uno degli ambienti preparati per* Donne in attesa.*(...) Di nuovo passavo da un film all'altro.[92]"*

Nel frattempo lo scrittore Per Anders Fogelstrom, su un binario parallelo, ma distinto dal film, avrebbe continuato a lavorare alla stesura del suo romanzo[93]. Una sceneggiatura del film con lo stesso soggetto del romanzo, quindi, ma diversa dal romanzo stesso.

Mi pare il caso di ricordare qui, che nella scrittura originaria di Per Anders Fogelstrom il vero protagonista del romanzo è Harry Lund, un giovane in eterno conflitto generazionale con il padre, in uno scontro aperto e quotidiano con i suoi datori di lavoro e con la società. E che, solo nell'adattamento di Bergman per il cinema la protagonista diventa Monika. Mentre Harry retrocede al ruolo di co-protagonista[94].

Per la gioia di quanti hanno sempre accusato Ingmar Bergman di rivolgere una notevole quantità della sua misantropia contro buona

90 Ingmar Bergman, *Immagini*, Garzanti, Milano, 1992.

91 Olivier Assayas e Stig Bjorkman, *Conversazione con Ingmar Bergman,* Lindau, Torino 2007.

92 Ingmar Bergman, *Immagini*, Garzanti Milano 1992.

93 Uscito nelle librerie nel 1953, quasi contemporaneamente al film nelle sale.

94 *Ingmar Bergman*, a cura di Antonio Costa, Marsilio, Venezia 2009, pag. 141, nota n.25.

parte dei personaggi maschili dei suoi film. Accompagnata, se vogliamo, a una congrua quantità d'indulgenza, se non di cedevolezza, nei confronti di tutti i suoi personaggi femminili[95]. E' noto come Ingmar Bergman riservasse, spesso nei suoi film, il compito di tollerare assai poco le donne[96] ad alcuni dei suoi personaggi maschili, anche tra i maggiori[97].

Sebbene, mi pare molto opportuno aggiungere qui, che, nel caso specifico, prima della fine del film, Monika esce di scena e Ingmar Bergman si disinteressa di far sapere allo spettatore quale sarà il destino che l'aspetta. Mentre, nel frattempo, Harry Lund s'innalza al ruolo di protagonista assoluto; quello originariamente previsto per lui da Per Anders Fogelstrom nel suo romanzo[98].

ANALISI

A dispetto dell'immagine di mangiatrice di uomini, di gran dama, che vuole cucirsi addosso e della maschera di signora che vuole sistemarsi sul volto di ragazza, Monika reca dentro di se un lato ancora assai *naif*, quasi infantile. Proprio non riesce ad accettare i suoi ruoli di donna, di madre e di moglie. E, con essi, tutte le grandi responsabilità che quei ruoli imporrebbero. Pare proprio che il suo amore sia finito. Pare che Monika abbia velocemente incenerito,

---

95 G.Invitto: *Idee e schermi bianchi. Filosofia e cinema tra il mito e il falso.* Edizioni Mimesis - I Cabiri, Milano, 2007, pag. 119.

96 Forse un retaggio subliminale della presunta misoginia di Kirkegaard?

97 Un esempio su tutti in *Smulltronstallet* (*Il posto delle fragole*, 1957), dove Isak Borg nelle sequenze iniziali dice: *Mia moglie Karin morì molti anni fa. Il nostro matrimonio fu alquanto infelice. Ho la fortuna di avere una buona governante.*

98 Mi permetterei sommessamente di consigliare a un intraprendente editore italiano, anche piccolo ma coraggioso, di riprendere la stampa del libro e la sua distribuzione nelle librerie italiane.

prima ancora che la ardesse completamente, il suo grande amore estivo per Harry.

Quando Harry non c'è, come fosse una donna libera e indipendente, si prepara di tutto punto e riprende a frequentare locali equivoci e malfamati, dove beve e fuma; balla e ascolta musica americana. Dove non disdegna di accompagnarsi a uomini sconosciuti incontrati per caso. Dove va perché le piace farsi cullare dagli *swing*[99], quella nuova, originale musica, che viene da oltreoceano, moderna, carezzevole, erotica, diffusa dai primi *juke-box* a gettone. Quella musica sembra fatta apposta per abbracciarsi, toccarsi, strusciarsi. Monika sembra aver dimenticato molto presto l'estate d'amore e di passione per Harry. Quando le piaceva ballare avvinghiata solo al suo uomo; solo al suo Harry. E, comunque, adesso trova piacevole solo ballare con altri maschi, ascoltando quelle note carezzevoli, languide, ammalianti. In questi locali non le è difficile incontrare anche qualche sua vecchia fiamma che, evidentemente, nel frattempo non ha dimenticato. Si rinfocolano presto ricordi a mala pena sopiti, solo a vedere ancora i volti dei tanti uomini che ha amato prima di Harry. E' proprio con uno di questi, Lelle, il vagabondo che aveva appiccato il fuoco alla loro barca - sì, proprio lui - che rispolvera la relazione interrotta alla fine dell'inverno dell'anno prima, e riprende a vedersi. Anche in questo caso ha dimenticato molto presto e troppo facilmente quello che Lelle ha combinato sull'isola. E' evidente che lei gli ha perdonato velocemente il suo terribile oltraggio. Ed è proprio con lui, che un giorno, Harry la trova in casa ad amoreggiare, tornando in anticipo da un viaggio di lavoro. "*Il destino è crudele: ti offre una gioia, ti fa sperare, e poi di colpo ti abbandona. E allora tutto crolla intorno a te nel fango e nella polvere.*[100]" Il giovane è deluso e arrabbiato ma non ha il coraggio di affrontare la moglie, almeno non immediatamente, non subito. La delusione è troppo

---

99 Di uno *swing* parla lo stesso Ingmar Bergman a pagina 257 del suo libro-diario *Immagini*, descrivendo la scena decisiva dello sguardo in macchina di Monika, celebrata anche da Jean-Luc Godard.

100 Frase tratta dalla sceneggiatura del film di Ingmar Bergman: *Sommarlek* (*Un'estate d'amore* - 1950).

cocente, la sorpresa di vederla in casa, a letto con un uomo che non è lui, gli infligge un colpo quasi mortale. Anche amareggiato, decide di attendere paziente. Fuma nervosamente per strada, mentre aspetta che l'amante di sua moglie abbandoni la loro casa. Quando, quello se ne va, sale velocemente le scale, quando entra è inevitabile che si accenda una lite furiosa. Dopo il violento litigio, l'ennesimo, nel quale Harry accusa Monika di adulterio - che lei peraltro non nega, confessando di amare ancora Lelle, la sua vecchia fiamma - si lasciano definitivamente. Monika, picchiata e insultata da un Harry furibondo e deluso, ma anche offesa profondamente, abbandona, senza alcuno scrupolo, la figlia, la casa, il marito. La sua vita. Le donne, a volte, possono essere più determinate e sfuggenti degli uomini. Quando cercano la libertà, sanno che essa può passare anche attraverso il rifiuto del loro legittimo ruolo di moglie e di madre. Contrariamente a quanto imporrebbe la morale comune non continuano, anche nelle difficoltà, a prendersi cura del legittimo marito e della figlia piccola e bisognosa di cure e d'amore. Monika, con un colpo di testa, ha deciso di abbandonare entrambi, assumendo l'atteggiamento indegno e biasimevole di una donna senza scrupoli, di una moglie crudele e di una madre scellerata. La ragazza immorale che si nascondeva dietro quella che pareva la dignitosa e devota Monika sceglie finalmente di assecondare i suoi bisogni, seguendo la libertà; inseguendo l'indipendenza dalle regole e dalle convenzioni sociali; perseguendo e anteponendo il piacere personale al responsabile dovere famigliare. Harry, ancora attonito e sconsolato, decide di lasciare la casa comune e di tornare a vivere dal padre, con la sua amata bambina. L'appartamento che avevano condiviso è svuotato rapidamente e, altrettanto rapidamente, abbandonato. Resta un guscio vuoto. I mobili sono venduti per strada dalla vecchia Zia Agda. La calda estate della giovinezza, della ribellione e della fuga dalla società che hanno giudicata ingiusta è irrimediabilmente finita. Per ironia della sorte, erano scappati insieme dalla *routine*, dalla quotidianità opprimente, e ora, alla fine dell'estate, fanno mestamente ritorno dalla fuga e della vita selvatica, che sono diventate anch'esse *routine*. Harry, considera l'atteggiamento

48

determinato ma cervellotico di Monika un vero mistero. Non sa darsi pace. Si erano tanto amati! Solo qualche mese fa, lei pareva ancora tanto innamorata e devota; così attaccata a lui. Pareva non poter rinunciare al suo amore per tutta la vita. Nella stanza da letto, sul maestoso comò in stile direttorio di seconda mano che la Zia Agda ha regalato agli sposi, troneggia un grosso specchio rettangolare, bordato di legno, più largo che lungo; in verità un po' ammaccato e sbucciato dall'uso e dai frequenti traslochi, ma che, tutto sommato, restituisce un'immagine pulita, più che fedele. Harry Lund vi si specchiava ogni mattina, prima di uscire da casa; prima di andare al lavoro o all'università. Davanti allo specchio si dava gli ultimi ritocchi: scrutava la lunghezza della barba; appiattiva col polpastrello umido la curva delle sopracciglia; controllava il colore della lingua e lo stato delle gengive e dei denti; si ravvivava i capelli, passandosi le dita ossute e sottili tra le lunghe docili ciocche. Per l'ultima volta si aggiustava il nodo della cravatta, altrimenti sempre sbilenco. Solo alla fine, gettava, per l'ultima volta, prima d'uscire, l'occhio malizioso in direzione del letto. Lì lo attendeva, distesa e provocante, spesso discinta, la sua bella Monika, ancora mezza addormentata o appena sveglia, ma non del tutto vigile. Se il suo sguardo non avesse ricevuto come risposta da lei alcun ammiccante richiamo, avrebbe capito che poteva uscire dalla stanza e dalla casa tranquillamente. Se, invece, dagli occhi e dal corpo di quella femmina le fosse giunto un qualsiasi segnale; un richiamo sessuale, anche velato, anche appena accennato, allora era sicuro che sarebbe arrivato in ritardo al lavoro, magari un po' stanco, ma assai più soddisfatto. La qual cosa non avveniva raramente. Davanti a quello stesso specchio Monika passava la maggior parte del tempo quando stava in casa; si preparava prima di uscire; si ravvivava i lunghi capelli castani; si truccava gli occhi e le labbra. Controllava la propria immagine; aggiustava il suo aspetto fino al parossismo: doveva essere sempre impeccabile, non abbastanza, ma assai affascinante; e sempre pronta a sedurre. Oggi, in quello che pare lo schermo del cinema dove era andato in compagnia di Monika, Harry sembra scavare; cerca disperatamente quelle immagini; vuole trovare, vedere e rivedere quelle stesse scene. Come volesse leggere nello specchio[101] il suo futuro, proprio come farebbe un antico divinatore dalla superficie piatta della sua bacinella. Harry Lund si china nella culla. Alza fino a se, e l'avvicina al suo petto, delicatamente, la figlioletta Alma, le sorride ricambiato amabilmente; stringe amorevolmente fra le braccia il frutto del suo grande amore interrotto. Come farebbe una madre premurosa; come una Madonna nel dipinto di un maestro del rinascimento. La piccola Alma ricambia con un gran sorriso il largo sorriso del padre, e promette di restare il suo unico, solo grande amore. E Harry vuole condividere con lei il film che spera di vedere proiettato nel grande specchio. L'uomo e il padre si guardano malinconicamente riflessi. Ma lo specchio - ahimè! - rimanda solo immagini del passato: la fuga d'amore estiva, il mare, un'isola e una spiaggia, riflessi di luce sul mare; Monika che saltella nuda sugli scogli e s'immerge in una pozza d'acqua di mare; Monika a seno scoperto sdraiata sulla prua del motoscafo che solca le onde e si allontana da Orno. Nel vetro, Harry non scorge niente che riguardi il suo futuro o il futuro di Alma. Pare riuscire a vedere solo il passato. Rifrazioni, come in un sogno, bello ma ormai sbiadito; solo il riflesso dei felici momenti passati sull'isola in compagnia di Monika. Capisce, finalmente, che la sensualità e la carnalità di Monica hanno sconvolto la sua vita. Ma capisce anche che Monika adesso non c'è più. Harry non sa nemmeno dove sia andata dopo la lite. Né che fine abbia fatto. Si disinteresserà del tutto al suo destino. Capisce, che quei momenti sono cessati definitivamente; non si ripresenteranno; che deve iniziare a rassegnarsi. Dopo il dolce calore dell'estate è arrivato il gelido inverno. Così come dopo una piacevole e spensierata giovinezza arriva sempre la dura vecchiaia. Con la fine dell'estate è finito anche l'amore di Monika. Con l'arrivo del rigido inverno è tornato anche il ghiaccio nel cuore di Monika. Ma lui lo ripeteva a Monika, nel corso delle loro lunghe, stancanti discussioni sull'isola: evadere dal contesto sociale di provenienza e dalle

---

101 Nella scena finale del film Harry Lund rivede nello specchio le immagini dell'estate con Monika e un motoscafo che si allontana lentamente dal centro della città.

convenzioni non porta mai troppo lontani. Fuga e ribellione, fini a se stessi, non hanno alcun futuro. La vita quotidiana alla quale siamo votati, o condannati, finisce per afferrare e fare prigioniero anche chi, non volendo accettarla, cerca di sottrarsene. Era Monika che non voleva capire. Era Monika che voleva fuggire. Era Monika quella stanca e disgustata dalla vita. Alla fine di quella loro felice, entusiasmante parentesi, lui aveva capito che sarebbe arrivata la monotonia quotidiana fatta di gesti sempre uguali, responsabilità, studio, lavoro e famiglia. Harry sapeva anche che senza responsabilità non c'è nessuna libertà. *"Ecco siamo all'inferno! Ma assieme.[102]"* Per Harry Lund è arrivato il momento di attaccare i demoni davanti al carro da combattimento. Ed essi, finalmente, saranno costretti a rendersi utili[103]. La grande storia d'amore di Monika e Harry, segnata alla sua nascita da una grande passione, ma fondata anche su un'illusione giovanile altrettanto grande, si è ormai miseramente dissolta in una disillusione anche più grande. Il più delle volte gli amori paiono seguire il corso delle stagioni. A farci caso quasi tutti fioriscono in primavera; esplodono in tutta la loro vitalità prepotente d'estate; iniziano ad agonizzare in autunno e spirano tristemente durante l'inverno. La personalità di Harry, malgrado sembrasse quella più debole e fragile, si è dimostrata, alla fine, la più salda; quella che riesce a evolversi più positivamente nei riguardi della realtà, anche la più dura e drammatica. A differenza di Monika, che voleva tutto e subito, Harry pare aver capito che i sogni si costruiscono piano piano, con tanti sacrifici e partendo sempre dal basso. Un'altra breve ma intensa giornata è terminata. E con essa si è terminata pure un'altra breve, ma intensa stagione di sogni e

---

102 La frase tratta dal film di Ingmar Bergman *Djavulens oga* (*L'occhio del diavolo* - 1960) è citata nel libro dell'autore: *Parla con Bergman*, (Aforisma *Inferno 2*, n. 32, pag. 37).

103 Ingmar Bergman, *Immagini*. La frase, riportata parzialmente nell'altro libro dell'autore *Parla con Bergman*, (Aforisma *Demoni*, n.87, pagina 86) è di Ingmar Bergman, da *Immagini* Garzanti, 1991, pagina 41: *"Ho avuto sempre la capacità di attaccare i demoni davanti al carro da combattimento. E loro sono stati costretti a rendersi utili."*

disillusioni; d'amore e disprezzo, di desiderio e repulsione; di storie nate speranzose e mestamente naufragate nella sfiducia e nello scoramento. Un motoscafo si allontana sull'acqua. Lentamente. Forse è lo stesso che, nell'estate appena trascorsa, ha portato i due giovani amanti in fuga dal mondo; lo stesso della loro rabbiosa ribellione, ma anche della loro effimera libertà. La Stoccolma degli anni cinquanta, la città più grande ed elegante; la più antica e popolosa della Scandinavia, è una città indolente, sontuosa, affascinante e magica. Stoccolma, la città regale che si specchia nell'acqua - vezzosa come una signora ancora piacente - ora si va addormentando. E, come appare evidente, non sembra minimamente interessata ai drammi che si consumano per le sue strade, nelle sue case, tra le esistenze e nell'animo dei suoi numerosi abitanti. E' equidistante e neutrale. Ugualmente indifferente: agli sviluppi della grande storia del mondo; come al mediocre dipanarsi delle piccole, trascurabili storie degli uomini. Si rifiuta di frugare nella testa dei singoli individui; di penetrare nelle loro menti per indagare nei loro cervelli. Apertamente è disinteressata a conoscere il momento esatto in cui la speranza si trasforma in utopia e i sogni smettono, definitivamente, di essere sogni, per diventare, inesorabili e spietati, dura realtà. Ritiene che sia inutile? Questi fatti accadono, semplicemente? Sì! Accadono quotidianamente. E continueranno ad accadere ...sempre.

CONCLUSIONE

Non c'è alcun dubbio che il film viva e si regga quasi esclusivamente sulla presenza in scena (pressoché ininterrotta) e sulla intensa *performance* interpretativa di Harriet Andersson. Secondo Olivier Assayas, che raccolse, con Stig Bjorkman, in un libro la sua *Conversazione con Ingmar Bergman*, quella di Harriet Andersson in *Monica e il desiderio* è una delle più grandi *performance* d'attrice alle quali lo spettatore abbia mai assistito. Ingmar Bergman aggiunse: "*...Lei ha una storia d'amore con la macchina da presa. La macchina da presa la stimola e lei se ne sente estremamente stimolata. Una relazione molto strana....*" Non c'è alcun dubbio che la sua recitazione originale, sfrontata, scandalosa, disinibita, da attrice consumata abbia lasciato una traccia indelebile nella storia del cinema mondiale. Sempre Olivier Assayas, scrive: "*Uno degli elementi straordinari del film è Harriet Andersson. Sicuramente una delle più grandi attrici mai esistite*". La replica secca di Bergman: "*E' vero*". Lo stesso Bergman (che, per qualche periodo, era stato legato sentimentalmente all'attrice) afferma: "*...Se lei la vede in* Monica *e il desiderio e poi in* Sussurri e grida... *io credo che lei...insomma...che lei sia una delle più grandi attrici del mondo*".

E ancora Bergman, indugiando, stavolta, sulle indubbie qualità fisiche dell'attrice: "*Harriet era molto bella. Aveva diciannove anni. Abbiamo fatto il film. Quello è stato un periodo bellissimo*". E si giunge, così, al famosissimo sguardo in macchina di cui tanto si è parlato e scritto. Il film, tuttavia, non fu molto ben accolto. Almeno dalla critica. Ebbe invece un discreto successo di pubblico. Fu recensito in modo molto discordante dai critici dell'epoca. Specie da quelli italiani, che non furono troppo clementi col regista svedese. L'accoglienza tiepida che ebbe in Italia, per fortuna non fu la stessa che ebbe in altri paesi. Il film, nonostante l'epoca, è ad alto contenuto erotico e creò non pochi problemi ad Ingmar Bergman, non solo negli altri paesi, ma addirittura per la distribuzione nell'avanzata e disinibita Svezia. Anche nella versione originale svedese infatti fu tagliata l'inquadratura di Monika che si accarezza il seno voluttuosamente. E, nonostante il film, uscito nel 1953, fosse stato distribuito nel resto d'Europa con qualche anno di ritardo e in Italia, addirittura, nel 1961, fu censurato pesantemente. Forse questa ragione ne fece un mito che resterà in eterno nella storia del cinema.

UNA VAMPATA D'AMORE

(1953)

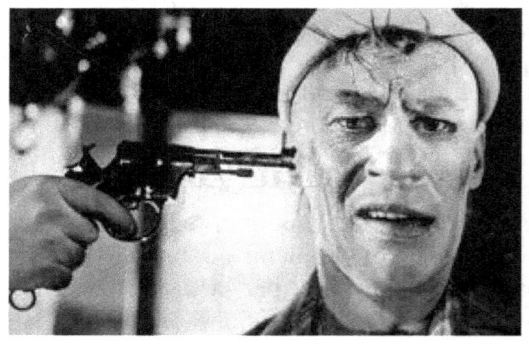

Titolo originale: *Gycklarnas afton*
Titolo in inglese: *Sawdust and Tinsel*

PRESENTAZIONE

Nel 1952, Ingmar Bergman ha appena trentaquattro anni, ma la sua vita professionale è già definitivamente decollata e abbastanza intensa.

Produce per la radio *Quel colpevole fardello della notte* di Alberto Perrini[104]; venuto meno l'uomo che avrebbe dovuto fargli varcare il portone del Dramaten[105] ottiene la nomina di regista al Teatro Municipale di Malmo, comunque uno dei maggiori della Scandinavia, dove rimarrà per otto anni e produrrà tredici regie per altrettanti spettacoli; gira due ottimi film che otterranno entrambi un notevole successo di critica e di pubblico: *Donne in attesa*[106] e *Monica e il desiderio*[107]; lancerà all'attenzione del mondo una grande attrice: Harriet Andersson, che sarà per qualche tempo la sua compagna di vita dopo la rottura del suo matrimonio con Gun Hagberg[108]; per il teatro dirigerà opere di August Strindberg, Garcia Lorca, Jean Anouilh.

Nel 1953 gira *Una vampata d'amore*[109] e *Una lezione d'amore*[110].

Riscuoterà i dividendi del buon successo ottenuto al botteghino da *Monika e il desiderio*, rappresenterà *Sei personaggi in cerca d'autore* di Pirandello e comincerà la convivenza con Bibi Andersson, un'altra delle sue attrici feticcio.

"Su Una vampata d'amore *non c'è molto da dire. Si può apprezzare*

---

104 Alberto Perrini (1919 – non vivente), scrittore, autore teatrale, critico letterario e giornalista italiano.
105 Dramatiska Teatern di Stoccolma.
106 *Kvinnors vantan,* 1952.
107 *Sommaren med Monika,* 1952
108 Ingmar Bergman avrà in tutto 5 mogli e da esse 9 figli.
109 *Gycklarnas afton,* 1953.
110 *En lektion karlek,* 1953.

che il film è un tumulto, ma un tumulto ben organizzato.[111] "

Il film prende lo spunto da un episodio vero della vita di Ingmar Bergman che lo stesso regista racconta.

"Qualche anno prima ero stato sconsideratamente innamorato. Con il pretesto dell'interesse professionale, spinsi la mia amata a raccontarmi nei dettagli le sue sfaccettate esperienze erotiche. La specifica eccitazione della gelosia retrospettiva mi logorò, graffiandomi nelle viscere e nel sesso. I rituali più primitivi dell'umiliazione formarono con la gelosia una lega indissolubile. Questa miscela per poco non fece esplodere chi l'aveva prodotta. Se si vuole adoperare una terminologia musicale, si può dire che l'episodio di Frost e Alma è il motivo conduttore. Poi seguono, in una cornice temporale unitaria, una serie di variazioni: erotismo e umiliazione in combinazioni variabili. [112] "

SINOSSI E SCENEGGIATURA

"All'alba lo scalcinato circo Alberti si sta dirigendo verso un'altra cittadina. Il direttore del circo Albert Johansson è seduto a cassetta assieme a Jens, uno dei clown. Questi racconta la storia di quando Alma, la moglie del clown bianco Frost, un giorno d'estate fece il bagno nuda sotto gli occhi di una squadra di artiglieri.[113] "

Il film è la storia di Albert Johansson, direttore di uno scalcagnato circo di provincia in profonda crisi di spettatori e d'incassi.

Albert ha una relazione con una donna giovane e bella, Anna, chiamata enfaticamente la cavallerizza spagnola.

Per lei ha abbandonato, qualche anno prima, la moglie, la casa e i tre i figli.

---

111 Ingmar Bergman, *Immagini.*
112 Ingmar Bergman, *Immagini.*
113 Ingmar Bergman, *Immagini.*

Albert, accompagnato dalla sua attuale compagna Anna decide di fare una visita a teatro per chiedere in prestito dei costumi di scena al direttore Sjuberg.

Ai due appena arrivati e ritenuti disturbatori si rivolge anche con fare un po' brusco un inserviente magro e baffuto, il signor Blom: *"Chi state cercando?"*

Albert risponde: *"Il direttore."*

Inserviente: *"Sta provando."*

Albert: *"Aspetteremo."*

Inserviente: *"Ma è molto occupato."*

Il direttore, alzandosi in piedi e guardando in alto dal fondo della platea.

"Chi osa parlare durante le prove?"

Inserviente: *"Una signora e un gentiluomo vorrebbero parlarle signore."*

Direttore: *"Ditegli di andare all'inferno!"*

Poi, mentre si siede: *"No fateli venire."*

L'inserviente correndo dietro ai due che fanno per allontanarsi.

"Il direttore vi riceverà."

Albert, tentando di resistere alle insistenze dell'inserviente che lo tira per un braccio.

"Non era niente di importante. Possiamo tornare un altro giorno."

Albert: *"Buon giorno signor Sjuberg... Gran bella giornata. Mi chiamo Albert Johansson, sono il proprietario del circo Alberti che è arrivato oggi in città e questa è mia moglie Anna."*

Rivolgendosi ad Anna, che sta un po' dietro di lui.

"Fai un inchino."

Direttore: *"Cosa posso fare per voi? Una sedia per la signora, signor Blom. Posso?"*

Dopo aver accompagnato galante Anna alla sua sedia le fa cenno di sedere.

"La ascolto signor Alberti."

Albert: *"Beh, il fatto è che in uno sfortunato incidente metà dei nostri costumi sono andati perduti. Così pensavo che avrebbe potuto essere così gentile da aiutarci prestandoci mantelli, pantaloni, cappelli per stasera. Tra colleghi."*

Direttore: *"E se lascerete pidocchi nei nostri costumi? Scabbia, malattie veneree.."*

Sonore risate degli astanti.

Direttore: *"Come faccio a saperlo? Non conosco il circo. E' un serio rischio."*

Albert: *"Signor Sjuberg le garantisco."*

Direttore: *"Quanto potreste pagarmi?"*

Albert: *"Beh, pensavo forse... Quanto volete?"*

Direttore: *"Quanto non potreste pagare."*

Albert: *"Perché mi offendete?"*

Direttore. *"Perché? Perché apparteniamo alla stessa marmaglia, alla stessa banda e perché sopportate molto bene i miei insulti. Voi vivete nei carri, noi in sudici alberghi. Noi siamo attori voi saltimbanchi. Il peggiore di noi disprezza[114] il migliore di voi. E perché? Voi rischiate la vostra vita, noi la nostra vanità. Penso che voi signore siate ridicolo e troppo vistoso e la vostra giovane signora sia un po' troppo agghindata. Se aveste più coraggio potreste ridire della nostra falsa eleganza, delle nostre facce*

---

114 In alcune traduzioni il verbo disprezzare è sostituito dal verbo sputare:
Il peggiore di noi sputa sul migliore di voi.

truccate, della nostra dizione ricercata. Perché non dovrei disprezzarvi? "

Albert: *"Non capisco."*

Direttore: *"E' questa la vostra forza."*

Albert: *"E i costumi?"*

Direttore: *"Prendete quelli che volete."*

Albert: *"E il prezzo?"*

Direttore: *"Ci inviterete al circo stasera."*

Albert: *"Quale onore."*

Direttore: *"Proprio così. Il signor Blom vi mostrerà la soffitta."*

Il direttore saluta Anna togliendosi il cappello e va via sprezzante.

Anna, che ha accompagnato il suo compagno Albert, proprio in questa occasione conosce l'attore Frans, un fascinoso e intraprendente dongiovanni.

Da lui si farà prima irretire e poi sedurre.

Quando Albert decide di recarsi in visita alla moglie, Anna approfittando della sua assenza e irritata dalla decisione del compagno, torna a teatro, dove lo tradisce con l'attore, attirata dallo scintillio di un gioiello che Frans le ciondola sotto il naso, ma che si rivelerà falso, una patacca senza valore.

Anche Albert viene sedotto, non dalla moglie, ma dalla sua vita tranquilla di agiata commerciante.

Le chiede, addirittura, se può tornare da lei, stanco e deluso dalla vita raminga e povera del circense.

In cambio le offre il suo aiuto come commesso nei suoi negozi.

Ma la moglie rifiuta, avendo individuato proprio nell'ex marito la fonte di tutti i suoi precedenti guai e delle sue preoccupazioni.

Durante il primo spettacolo serale, Anna viene offesa da Frans che rivela a tutti la loro relazione.

Poi Frans, sempre più volgarmente offende, umilia e malmena Albert, che volendo vendicare la scappatella della sua compagna lo sfida a battersi con lui al centro della platea.

Albert, distrutto moralmente e fisicamente, e ormai senza prospettive, prima annuncia il suicidio, poi minaccia una strage, infine ci ripensa e ammazza solo l'orso di Alma.

Alla fine tutto tornerà al suo posto.

Il circo ripartirà per il suo tour.

Albert e Anna torneranno insieme.

Si daranno un'altra possibilità.

RECENSIONE

Il film si basa essenzialmente su un episodio autobiografico.

Bergman che costringe una sua amante a raccontargli le sue passate esperienze erotiche.

Da qui la logorante esperienza della gelosia che lui ricorda condensandola nel drammatico prologo, che fa raccontare ad Albert, *ergo* allo spettatore, dal cocchiere di uno dei carri.

Alma, la domatrice di orsi, esibizionista, forse ninfomane, fa il bagno nuda davanti agli sguardi divertiti ed eccitati di un reggimento di soldati che si sta esercitando in un poligono di tiro.

Il marito Frost, avvertito da un inserviente di quanto sta succedendo alle sue spalle, accecato dalla gelosia, va a recuperarla tra gli sberleffi della truppa, e prendendola di peso tenta di riportarla sotto il tendone del circo.

Ha un malore fisico, dovuto allo sforzo immane e viene aiutato dai suoi colleghi circensi, che si sono stretti solidali intorno a lui.

Se non è espressionismo questo!

La scena sembra estratta da un film tedesco muto degli anni '20: i ripetuti primi piani, alternati ai campi lunghi, effettuati sempre nella piena saturazione del bianco e nero, quindi della luce[115]; il montaggio mai banale, quasi contrastato; le riprese a volte bloccate in una fissità allucinata, a volte febbrili, altre volte con angolazioni pazzesche e, comunque mai geometriche né, meno che meno, prevedibili; i volti provati dalla umiliazione o deformati dallo sforzo; le facce pesantemente truccate e gli occhi cerchiati di nero; i capelli bianchi di Alma, come il suo viso sul quale spiccano solo le labbra scure; il viso ugualmente bianco di cerone del clown bianco; i corpi storti, schiacciati sotto il peso di altri corpi anch'essi resi plastici dalle prese degne dei lottatori greco-romani; la folla che apre muta le sue ali al passaggio della coppia umiliata dalle risate del battaglione; le ferite inferte ai piedi di Frost, dal passaggio sulle pietre appuntite del tragitto fino al circo; infine, l'aiuto dei colleghi circensi ad un Frost che, esausto quasi asfissiato dallo sforzo, crolla sotto il peso della moglie: da solo non sarebbe mai riuscito a raggiungere il circo...

Ingmar Bergman non risparmia niente di tutta la sua arte drammaturgica allo spettatore, per renderlo partecipe della *Via crucis*[116] del protagonista accecato, ma anche reso incredibilmente resistente, dalla gelosia.

Lo stesso Ingmar Bergman scrisse a tale proposito: "*Il romanticismo, trionfante o residuale, dei film precedenti è completamente superato da una forma di aggressività estetica che si esprime attraverso l'espressionismo delle immagini, la virulenza della recitazione e quella specie di sadismo con la quale vengono scarnificati, umiliati,*

---

115 Sul set del film i direttori della fotografia sono due: Sven Nyqvist e Hilding Bladh.
116 La scena fu definita dai critici anche: Golgota e Calvario.

annientati il personaggio e l'umanità che esse rappresenta. [117] "

Chi assiste alla *via crucis* di Frost avrà l'impressione di essersi animato in una tela, una scultura o un incisione di Kirchner[118].

Oppure, meglio ancora, di essere stato trasportato di peso nell'atmosfera irreale e allucinata di un film di Lang[119], di Wiene[120] o di Murnau[121].

Una vampata d'amore è un film triste, duro, violento. Davvero.

Dalla critica francese dell'epoca fu definito il più nero dei film di Ingmar Bergman.

Vi si condensano, poi, alcuni temi cari a Ingmar Bergman, presi da film precedenti e che poi verranno anche ripresi nei film successivi.

Il rapporto tra le varie forme d'arte: il teatro arte nobile è opposto specularmente al circo, visto come una specie d'arte simile ma di rango molto inferiore.

Per rendersene conto basta ascoltare (oppure leggere) con attenzione i dialoghi tra i protagonisti della scena in cui Albert va fino al teatro per chiedere in prestito al direttore gli abiti di scena da utilizzare per la sfilata di propaganda che intende fare per le vie del paese.

Altri temi trattati sono: l'altalena tra realtà e fantasia; realtà e finzione; realtà e recitazione, che spesso si confondono e si compenetrano nella vita di tutti i giorni.

---

117 Alfonso Moscato, *Ingmar Bergman, La verità e il suo doppio.*

118 Ernst Ludwig Kirchner (Aschaffenburg, 6 maggio 1880-Davos, 15 giugno 1938) è stato un pittore, scultore, incisore tedesco.

119 Fritz Lang, pseudonimo di Friedrich Christian Anton Lang (Vienna, 5 dicembre 1890-Beverly Hills, 2 agosto 1976) è stato un regista e sceneggiatore austriaco.

120 Robert Wiene (Breslavia, 27 aprile 1873-Parigi, 17 luglio 1938) è stato un regista, sceneggiatore e produttore cinematografico tedesco.

121 Friedrich Wilhelm Murnau (Bielefeld, 28 dicembre 1888-Santa Barbara, 11 marzo 1931) regista e sceneggiatore tedesco, vero nome Friedrich Wilhelm Plumpe, noto come *Murglie.*

La sublime inattendibilità dell'arte, che trova la sua icona nell'attore vizioso e falso e fedifrago, Frans.

Ma anche nelle parole offensive che il direttore Sjoberg (autobiografia?) rivolge ad Albert, confessando, solo alla fine del suo monologo, di ritenersi uguale a lui, solo un po' ripulito.

I problematici rapporti di incomunicabilità tra le persone.

I rapporti (autobiografici anch'essi) di difficile gestione interpersonale del matrimonio, dell'amore, del sesso e della gelosia.

Il problema della infelicità e della insoddisfazione come condizione umana irreversibile.

L'amore fra le persone e la famiglia come unica soluzione al problema della (in)felicità, della solitudine e dell'indigenza.

Harriet Andersson protagonista assoluta, nel ruolo di Anna, tiene il centro della scena con la sua bellezza prorompente e la sua spontaneità, si conferma grande dopo *Monica e il desiderio*[122] e prima di *Come in uno specchio*[123].

Anche se pare che giochi un po' a (ri)fare Monika, come nel film precedente.

Le similitudini tra i due personaggi sono impressionanti.

La sensualità, la carnalità, la immaturità, la ingenuità, la capacità seduttiva, la vulnerabilità, l'ambizione, la volubilità, la superficialità, la doppiezza, la amoralità, la voglia e la determinazione di mutare le proprie condizioni sociali ed economiche con ogni mezzo e ad ogni costo, sono esattamente le stesse dell'altro personaggio.

Accompagnate qui ad una altrettanto alta tendenza a delinquere e al tradimento, indirizzati entrambi alla ricerca di un miglioramento della vita e ad una migliore condizione economica.

Anche in questo film il disegno quasi criminale di una vita migliore

---

122 *Sommaren med Monika*, 1952.
123 *Sasom i en spegel*, 1960.

fa arrivare Anna (come Monika nel precedente) alle estreme conseguenze: quando praticamente senza remore di carattere morale, offre una prestazione sessuale all'attore Frans, in cambio di una promessa di assoluta discrezione (che peraltro l'attore infrangerà alla prima occasione pubblica) e alla offerta di un gioiello (che si dimostrerà falso come e più del suo munifico benefattore) che le promette un anno di sopravvivenza e di affrancamento dalla fame e dagli stenti del circo.

Un vero e proprio atto di prostituzione.

Bergman ricorda, qui come in *Monica e il desiderio,* che ci sono sostanzialmente due i modi in cui, nella Svezia degli anni '50, la donna poteva "liberarsi" dai bisogni e/o emanciparsi: la dura fatica, ancora senza pari opportunità, o la ..."bella vita", l'uso del corpo come merce di scambio.

"D'altronde per coloro che si trovavano in condizioni di povertà non c'erano che due soluzioni lineari, o lavorare duro accontentandosi e cercare a poco a poco di progredire oppure scegliere la via dell'illegalità con tutti i rischi che comportava. Per la donna esisteva inoltre la possibilità di fare la vita in modo libero e artigianale, collocandosi in una dimensione libera ma non priva di pericoli.[124] "

Appunto! E' proprio quello che accade ad Anna.

Da ricordare, infine, nel ruolo dell'altezzoso anziano direttore del teatro signor Sjuberg, la interpretazione di un ancora giovane Gunnar Bjornstrand[125], elegante, barbuto ed irridente, tutto sommato credibile, nel suo ruolo di ricco gentiluomo disponibile e comprensivo coi colleghi poveri del circo.

CONCLUSIONE

---

124 Claudio Papini, *Ben ritrovato, Ernst Ingmar!*
125 All'epoca del film aveva poco più di quarantanni.

Ancora un titolo tra i film di Ingmar Bergman malamente tradotto dai distributori italiani.

Il titolo originale, *Gyklarnas afton*, che doveva essere tradotto letteralmente con *La serata dei buffoni*, oppure con *La sera di un saltimbanco*[126], è stato storpiato invece con titolo come al solito ammiccante e fuorviante: *Una vampata d'amore*.

Che strizza l'occhio all'amore inteso come sesso e a storie torbide.

Una inutile allusione alle luci rosse che peraltro nel film non ci sono.

Com'era già successo col bellissimo *Sommaren med Monika*, dell'anno precedente, interpretato, ironia della sorte dalla stessa attrice, Harriet Andersson, che era stato tradotto nel volgare, quasi pornografico *Monica e il desiderio*, invece che letteralmente in *Un'estate con Monica*[127].

La prima del film si tenne a Stoccolma il 14 settembre 1953.

"*Una vampata d'amore ricevette un'accoglienza di cui il minimo che si potesse dire era che si trattava di una mistura di giudizi differenti. Uno stimato critico di Stoccolma scrisse di <...*rifiutarsi di valutare ocularmente l'ultima opera del signor Bergman.> *L'espressione è abbastanza significativa per l'astio che incontravo da molte parti. Purtroppo, anche a costo di essere noioso, non posso affermare che non ne fui influenzato.*[128] "

Oltre alla questione personale dei racconti sulla gelosia che si faceva fare da una sua compagna, il film contiene un ulteriore tratto autobiografico che lo stesso Ingmar Bergman racconta.

"*Una vampata d'amore è un film relativamente sincero e svergognatamente personale... Albert Johansson, direttore del circo,*

---

126 Come suggerisce pure Sergio Trasatti nel suo libro *Ingmar Bergman*.
127 E' anche il titolo di un saggio racconto dello stesso autore di questa recensione.
128 Ingmar Bergman, *Immagini*.

ama Anna e la confusa vita del circo. Però viene attratto dalla sicurezza piccolo-borghese della moglie abbandonata. Lui è, in breve, un tumulto di pensieri ambulante. Il fatto che Ake Gronberg lo interpreti e che la parte sia scritta per lui, non vuole affatto dire che il film ha subito l'influsso del Varieté[129] *di Dupont con Emil Jannings. La cosa è più semplice. Se un regista magro e sottile vuole fare il proprio autoritratto, non c'è dubbio che sceglierà un uomo grasso.[130]*"

"*Come ho già affermato: non ho tanto da dire su* Una vampata d'amore.[131]*"

E, mutuando quello che scrive il Maestro, chiudo questo mio saggio monografico affermando che ...pure io ho scritto tutto quello che potevo sul suo film.

---

129 Film del 1925 diretto da Ewald André Dupont, anch'esso ambientato nell'ambiente circense.
130 Ingmar Bergman, *Immagini*.
131 Ibidem.

Alle soglie della vita

(1957)

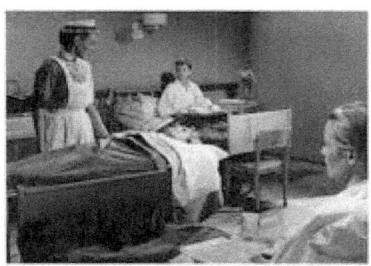

Titolo originale: *Nara livet*

Titolo in inglese: *So close to life*

PRESENTAZIONE

Subito dopo il film che gli schiuse le porte dei mercati internazionali: *Sorrisi di una notte d'estate*[132], premiato a Cannes per ...*l'umorismo poetico*, e i due capolavori assoluti che gli valsero la fama mondiale e un esaurimento nervoso: *Il settimo sigillo*[133], girato nel 1956 e presentato in prima mondiale il 16 febbraio del 1957 e *Il posto delle fragole*[134], girato nel 1957 e presentato in prima mondiale il 26 dicembre del 1957, Ingmar Bergman gira *Alle soglie della vita*[135]. Che uscirà in prima mondiale tre mesi esatti dopo la presentazione de *Il posto delle fragole*, esattamente il 26 marzo 1957.

E dopo, nemmeno, 12 anni dall'esordio nel cinema il suo *carnet* conta già 19 film e mezzo[136].

Questo film sarà un lavoro su commissione che Ingmar Bergman aveva promesso alla Sveriges Folkbiografer e lo spunto verrà dai racconti di Ulla Isaksson *La zia della morte*[137], dai quali Ingmar Bergman trarrà grande ispirazione.[138]

Anzi, proprio da una collaborazione con la scrittrice proverrà la stesura della sceneggiatura, firmata dalla sola scrittrice.

Alle soglie della vita, tuttavia è, nella filmografia di Ingmar Bergman, un film trascurato, dal pubblico e dalla critica, probabilmente oltre i suoi (pochi) demeriti, per l'unica colpa di essere giunto immediatamente dopo i film che abbiamo già citati e

---

132 *Sommarnattens leende.*

133 *Det sjunde inseglet.*

134 *Smulltronstallet.*

135 *Nara livet.*

136 Alcuni biografi del Maestro contano anche le scene finali del film *Spasimo* (*Hets*, 1944), girate in sostituzione del regista titolare, Alf Sjoberg, indisponibile.

137 Ulla Isaksson (1916-2000), scrittrice svedese. Ha scritto sui problemi delle donne, l'amore e il divino. Conta tre collaborazioni con Ingmar Bergman: *Alle soglie della vita* (1958); *La fontana della vergine* (1959); *Il segno* (1986).

138 Come anche dai romanzi *Det vänliga, värdiga*; *Det orubbliga.*

immediatamente prima de *La fontana della vergine*[139] e *Il volto*[140]. Stretto quindi in una morsa mortale d'interesse creata da capolavori leggendari, immortali e multi premiati.

Ma come ebbe a dire lo stesso autore, *Alle soglie della vita* è *"...la storia ben raccontata di tre donne in una stanza d'ospedale. Dove la stanza non è altro che un comodo reparto di ostetricia.*[141]*"*

E anche l'autore di questo saggio è d'accordo con tale giudizio.

SINOSSI E SCENEGGIATURA

Cecilia (Ingrid Thulin), ricoverata urgentemente in ospedale con un'ambulanza, viene portata subito in camera operatoria, dove perderà il bambino di tre mesi.

"Non potrò mai dimenticare questo momento - dice Cecilia - *in cui sono stata così vicina alla vita."*

"Non ci sarebbe stato niente da fare neppure se fosse venuta prima."

Questo il lapidario responso dei medici che l'hanno assistita.

Che, poi, aggiungono.

"Tornerà tutto a posto per la prossima volta."

"Non ci sarà una prossima volta."

Replica spazientita Cecilia.

Che rivolgendosi all'infermiera Brita le spiega.

"Il bambino non era desiderato per questo non è potuto venire al mondo. Io non sono abbastanza forte: non ho avuto il coraggio di desiderarlo. Ho sempre avuta la certezza che non sarei stata capace di essere una buona moglie e una madre. So bene che Anders mi ama. Non me lo ha mai detto, ma glielo leggo negli occhi."

Dopo l'aborto, Cecilia viene trasferita in una camera dove sono ospitate altre due partorienti, Stina (Eva Dahlbeck) e Hjordis (Bibi

---

139 *Junkfrukallan*, 1958.
140 *Ansiktet*, 1958.
141 Ingmar Bergman, *Immagini*.

Anderson), che naturalmente conoscerà.

La prima è una donna felice, molto legata al marito (*"siamo uniti così"*, dice all'infermiera, stringendo con forza il pugno) che attende con ansia il suo primogenito.

"Io sono il simbolo della vita che continua. Desidero tanto questo bambino. Impazzirò se non si sbriga a crescere.[142] "

La seconda, invece, è una ragazza madre, che sentendosi abbandonata da tutti e senza aiuto, che non vuole il bambino.

Hjördis cova la sua rabbia passando accanto alla stanza che ospita i neonati ed ancora più frustrata quando chiama il ragazzo che l'ha messa incinta, ma il ragazzo si rifiuta di andare a trovarla in ospedale.

Quando,infatti, lei per l'ultima volta lo invita a venirla a trovare il ragazzo si rifiuta.

"Non sono il tuo fidanzato."

Hjordis: *"Però tu sei il padre. E qui mi fanno tante domande."*

"Tu non dire niente e tieni la bocca chiusa."

Replica piccato il ragazzo.

Intanto una speranza sembra giungere a Hjordis dall'assistente sociale che, durante un colloquio nel suo studio le enumera le provvidenze previste dalla legge per l'assistenza alle ragazze madri.

La invita poi a contattare i genitori e a rivelare loro l'esistenza della gravidanza che essi non conoscono ancora. L'unica persona che pare davvero saper confortare Hjordis è l'infermiera Brita.

"Appena nati i bambini hanno tutto quello che è necessario. Sono davvero delle piccole meraviglie."

La replica di Hjordis non lascia spazio ad alcuna speranza.

"Sono disgustosi. Tutto finirà nel nulla. Non servirà a niente. Vorrei non essere mai nata."

Se non è nichilismo questo.[143]

Nella notte anche Stina viene portata in sala parto, ma il bambino

---

142 Stina (interpretata nel film da Eva Dahlbeck).

143 *"Sei nato senza scopo, vivi senza significato, la vita è significato a se stessa. Quando muori ti spegni. Dall'essere ti muterai in non-essere."*
   (Ingmar Bergman, *Lanterna magica*)

non nascerà, nonostante il soccorso dei medici.
Il suo parto si era presentato subito molto difficile.
Il medico laconico le dice:
"Non ce l'ha fatta a superare l'ultima fase del travaglio. E' come se la vita non lo avesse voluto."

Hjordis, invece che non voleva il bambino lo avrà e la sua nascita la farà riappacificare con la famiglia.
La madre, raggiunta dalla sua telefonata, le dice, infatti, che la accoglierà in famiglia insieme al bambino.
Hjordis: *"Sono stata molto male mamma, ora sto meglio. Avrò un bambino. Volevo abortire ma non ce l'ho fatta. Voglio avere il bambino anche se dovrò allevarlo da sola. ...Davvero posso, anche se le cose sono andate come tu temevi? Hai sentito?* (Rivolgendosi all'infermiera Brita) *Ha detto: vieni a casa il più presto possibile."*
Hjordis avrà i soldi del treno in prestito dall'infermiera Brita e prima di andarsene ascolta la confessione amara di Cecilia:
"La vera solitudine è un'acrobazia continua: la parola è sempre in aguato dentro di te."

RECENSIONE

Finalmente, nell'autunno del 1957, per Ingmar Bergman arrivò il momento di dedicarsi alla ...nascita della vita. Sebbene c'è da dire che, contrariamente a quanto troppo frettolosamente si è indotti a pensare, in Ingmar Bergman vita e morte non sono mai momenti così radicalmente distinti e il momento della nascita non può essere considerato mai troppo lontano dal momento del trapasso. Concetto splendidamente e drammaticamente ripreso all'interno del film in oggetto. Tuttavia, come più volte sottolineato, secondo l'autore di questa recensione non esiste nella filmografia di Ingmar Bergman una sezione dei film cd. *minori*, ma gli oltre cinquanta film del Maestro indistintamente (anche quelli meno reputati) hanno un loro ampio e singolare respiro, un loro profondo significato, un loro valore unico e irripetibile.

L'interesse per il tema della nascita della vita giunse a Ingmar Bergman, come detto, dalla lettura di alcuni racconti di Ulla Isakson (*La zia della morte*): egli ritenne che, almeno un paio di essi, avrebbero costituito un ottimo materiale per un film e su quel soggetto e con la collaborazione dell'autrice costruì una sceneggiatura *"...fluida, rapida e molto divertente.[144]"* La scenografia comunque è firmata dalla sola Ulla Isaksson e risente di una impostazione e da una sensibilità molto al femminile.
Lo stesso Ingmar Bergman confessò la circostanza ed ammettendo la sua condizione di uomo sprovveduto alle cose di partorienti, ammise che era stato sul punto di sentirsi male durante la lavorazione di alcune delle scene più violente.
"Quando feci Alle soglie della vita, *la situazione era un'altra. Ero responsabile delle parole di Ulla Isaksson. Dovevo maneggiare una realtà, a un tempo ben nota e lontana: donne e partorienti. Mi ritrovai letteralmente alle soglie della vita. Ci furono molti inattesi effetti collaterali: una sala con sei madri da poco sgravate e bambini piccoli; seni ingrossati e schizzi di latte acido dappertutto, le condizioni fisiche più disparate, nonché gli aspetti più ridicoli e animaleschi dell'agire umano. Mi sentivo male, e fui costretto a riferirmi alle mie proprie esperienze di padre eternamente sprovveduto, eternamente in fuga dalla realtà.[145]"*

Ingrid Thulin, tra le gestanti, perderà il bambino al terzo mese di gravidanza, con grande dispendio di sangue di ...vitello[146]. In realtà, come raccontato dallo stesso Ingmar Bergman, si trattava *"...di sangue di bue mescolato con un colorante chimico per ottenere*

144 Ingmar Bergman, *Immagini.*
145I ngmar Bergman, *Immagini.*
146 Ingmar Bergman, *Immagini.*

la giusta tonalità.[147]"

E, oltre ad Ingrid Thulin, il personale attoriale bergmaniano è quasi al gran completo.
Ci sono, infatti, Eva Dahlbeck, Bibi Anderson, Max von Sydow, Erland Josephson ed Inga Landgrè.
Con i maschietti nervosi e spaesati ridotti quasi al ruolo di semplici comparse.
Ma, nonostante, l'interpretazione di tutte le attrici fosse eccezionale e tale da nobilitare il suo intero lavoro, Ingmar Bergman ipercritico così refertava: *"Il trucco era eccessivo; la parrucca di Eva era enorme; la fotografia* (di Max Vilèn) *a tratti misera; certi toni troppo letterari.[148]"*
Proprio a proposito di quella collaborazione con Max Vilen, direttore della fotografia, Ingmar Bergman scrisse: *"Si dimostrò un bravo e onesto artigiano, ma privo di sensibilità e di allegria. Portammo a termine la nostra triste collaborazione mantenendo una cortese tetraggine.[149]"*
Ma siccome non tutti i mali vengono per nuocere dal film successivo riprenderà la collaborazione alla direzione della fotografia con Gunnar Fischer.

E' risaputo che Ingmar Bergman non amasse molto vedere i suoi lavori.
E per restare coerente con se stesso vide questo suo film solo tre volte.
All'epoca delle riprese nell'autunno del '57.
Nella sua saletta cinematografica privata di Faro, dopo quasi cinquant'anni.
E, tra le due visioni, solo un'altra volta, dopo un'intervista registrata, rilasciata a Lasse Bergstrom.
Riascoltando la registrazione si accorse che non aveva mai nominato

---

147 Ingmar Bergman, *Immagini.*
148 Ingmar Bergman, *Immagini.*
149 Ingmar Bergman, *Immagini.*

il film, come se se ne fosse dimenticato.

Non avevo più rivisto Alle soglie della vita da quando l'avevo fatto, nell'autunno del 1957. Questo non mi ha impedito dio parlare del film in termini negativi.

"Dopo che Lasse Bergstrom e io avemmo definitivamente spento il registratore, constatammo come Alle soglie della vita non venisse nominato una sola volta, nemmeno in una nota a piè di pagina. Eravamo d'accordo circa la stranezza di questo fatto. Mi decisi finalmente a rivedere il film. Provavo ripugnanza. Mi sentivo l'inferno dentro, senza sapere perché.[150]"

E questo particolare, curioso motivo lo indusse a rivederlo.

"Eccomi, dunque, davanti a Alle soglie della vita *come fu ascoltato e visto alla prima dell'11 marzo 1958. Sedevo al buio da solo e senza essere influenzato da nessuno. Ecco ciò che vidi: una storia ben raccontata e minuziosa di tre donne in attesa in una stanza d'ospedale. L'insieme era corretto, caldo e intelligente, con una recitazione in gran parte di prima qualità. (...) Quando ebbi finito di vederlo rimasi stupito e anche un po' contrariato: quel vecchio film mi piacque subito. Era buono, ben fatto e sicuramente andava ancora bene dal momento che circolava nei cinematografi.[151]"*

Non fu molto d'accordo con lui, anzi fu addirittura ipercritico il decano dei critici cinematografici italiani Gian Luigi Rondi, in genere innamorato del suo cinema e sempre molto indulgente con Ingmar Bergman.

Secondo lui: "Alle soglie della vita *è una disamina verista di alcuni casi di partorienti nella quale Ingmar Bergman ha trascurato colpevolmente qualsiasi vero approfondimento psicologico, non ha minimamente ricercato conclusioni di alto significato, limitandosi all'esercitazione realista, pago di farci ammirare la sua bravura solo tecnica.[152]"*

Di tutt'altro parere il critico francese Eric Rohmer, a conferma di quanto i *Jeunes turcs* francesi abbiano amato Ingmar Bergman e nel

---

150 Ingmar Bergman, Immagini.
151 Ingmar Bergman, *Immagini.*
152 G. L. Rondi, *Rivista del Cinematografo*, 6, 1958.

momento in cui (quasi tutti) sono passati dietro alla macchina da presa ne abbiano ripercorso le orme.

Secondo Rohmer, infatti, *"quest'opera di Ingmar Bergman non va considerata sotto l'ottica del naturalismo e nemmeno dell'obiettività. In essa, infatti, viene privilegiato il punto di vista del personaggio interpretato da Bibi Andersson e, in generale, come in* Sogni di donna, *vi è un transfert incessante di pensieri dall'una all'altra delle protagoniste per finire in quella che, inizialmente, sollecitava meno i nostri interessi. Questo film di Bergman, autore che meno di ogni altro teme le immagini crude, ha una franchezza serena, esente da ogni intento di provocazione. Bergman è più che un incomparabile pittore della donna: egli abbatte il muro di separazione dei sessi e l'identificazione dello spettatore con il personaggio non viene costruito sulla complicità, ma sul rispetto.*[153]"

Del resto non era un altro francese *jeune turc* dei *cahiers*, Jean-Luc Godard che diceva: *" Solo Bergman è capace di filmare gli uomini come li amano ma li detestano le donne e le donne come le detestano ma le amano gli uomini.*[154]"

CONCLUSIONI

Dai dialoghi e dai personaggi del film Ingmar Bergman, grazie anche alla visione (quasi) tutta al femminile della sceneggiatrice, molto esperta in problematiche femminili, la scrittrice Ulla Isaksson, sulle cui spalle cade quasi interamente la responsabilità della scrittura, fa risaltare tutta una serie di valori. Espressi come si deve in un film dove tutte le presenze più interessanti sono donne e gli uomini, come succede spesso nei film di Ingmar Bergman, restano sullo sfondo; sono comprimari se no addirittura elementi del tutto negativi
La solidarietà e l'altruismo espressi dall'infermiera Brita.

---

153 E. Rohmer, *Cahiers du Cinéma*, 94, 1959.
154 Jean-Luc Godard, *Monika, Arts,* n.680, 30 luglio 1958.

Personaggio che risulterà molto simile a quello di Anna, l'infermiera fantesca che assiste Agnes la donna morente di cancro in *Sussurri e grida*[155].

Il valore della vita nascente come perpetuazione della specie, in generale, ma anche come prosecuzione dell'individuo che la dona e perfezionamento dell'unione matrimoniale.

Sia nella circostanza felice di Stina che in quella di Hjordis, prima negativa e pessimista; poi positiva e piena di speranza.

Anche se, contestualmente, Ingmar Bergman fornisce l'esempio del matrimonio, tra Cecilia e Anders, salvato solo come rimedio alla solitudine individuale, dopo che era stato messo a dura prova, se non minato alle fondamenta, dall'aborto della donna.

La forza della spiritualità, della fede e della religiosità, anche se solo accennate, sono presenti in almeno due circostanze.

La prima di esse si impersona in Stina che cita il Vangelo e dichiara di voler far battezzare il figlio in chiesa.

"Credo proprio che farò battezzare il mio bambino in chiesa anche se Harry non è molto d'accordo."

La seconda impersonata nella conversione di Hjordis che dopo la sua professione di fede... rigidamente nichilistica dichiara che non è vero che tutto finirà nel nulla, non si può disporre di una vita, avuta in dono e che non rinuncerà al bambino per nessuna ragione al mondo.

Non male davvero per un ateo cristiano come spesso si dichiarava Ingmar Bergman.

"Veramente io non credo in Dio, ma la faccenda non è così semplice, tutti portiamo un Dio dentro noi stessi, tutto forma una trama che ci pare a volte di riconoscere, soprattutto al momento della morte.[156]"

Il film fu girato tutto in interni.

"Lo studio della Sveriges Folkbiografer era un ex salone da ginnastica lungo e stretto, situato nello scantinato di una vecchia e cadente casa di Ostermalm. Gli spazi circostanti erano rudimentali

---

155 *Viskningar och rop*, 1970.
156 Ingmar Bergman, *Lanterna magica.*

o inesistenti. La ventilazione era precaria: la presa d'aria era posta nel marciapiede in alto e portava all'interno i gas di scarico delle macchine. Tutto era stretto sporco e cadente. [157] "

Infine due curiosità per chiudere questo saggio.

1) Durante le riprese del film imperversava l'influenza asiatica. La troupe, in buona parte contagiata, lavorava con la febbre a 40° e con la mascherina di garza sulla bocca.

2) Molto spesso la troupe, per alleggerire l'animo e allentare l'eccessiva tensione, si trasferiva dietro le quinte dove erano custoditi i tubi del gas esilarante, che aveva un effetto simile a quello della droga ma di minore durata.

---

157 Ingmar Bergman, *Immagini.*

IL VOLTO

(1958)

Titolo originale: *Ansiktet*

Titolo in inglese: *The magician*

PROLOGO

Dopo il grande successo internazionale di *Sorrisi di una notte d'estate*[158] che vince il Premio Speciale della Giuria, *"per l'umorismo poetico"*, al Festival di Cannes del 1956, Ingmar Bergman mette in fila tre capolavori assoluti: *Il settimo sigillo*[159], *Il posto delle fragole*[160] e *Alle soglie della vita*[161].

A maggio del 1957 vince, con il suo film più famoso il Premio Speciale della Giuria al Festival internazionale del Cinema di Cannes.

Subito dopo la prima assoluta dell'ultimo film di questo eccezionale trittico, avvenuta il 26 marzo 1958, inizia le riprese de *Il volto*[162].

A giugno vince ancora l'Orso d'Oro al Festival di Berlino con la storia di redenzione del dottor Isak Borg.

L'ultimo scorcio della seconda metà degli anni '50 e i primi inizi dei '60 rappresentano un periodo eccezionalmente prolifico di capolavori per il maestro svedese.

Seguiranno, infatti, *La fontana della vergine*[163] e *Come in uno specchio*[164].

Con entrambi i film vincerà altrettanti Premi Oscar consecutivi per il Miglior Film Straniero, nel 1961 e 1962.

Ed anche la prima metà degli anni '60, per la filmografia di Ingmar Bergman, si apre coi fuochi d'artificio.

Vedranno la luce, infatti, altri capolavori celebratissimi ed immortali: *Luci d'inverno*[165], *Il silenzio*[166] e *Persona*[167].

---

158 *Sommarnattens leende*, 1955.
159 *Det sjunde inseglet*, 1957.
160 *Smulltronstallet*, 1957.
161 *Nara livet*, 1958
162 *Ansiktet*, 1958.
163 *Junkfrukallan*, 1959.
164 *Sasom i en spegel*, 1961.
165 *Nattvardgasterna*, 1961.
166 *Tystnaden*, 1963.
167 *Persona*, 1965.

Un'altra famosa commedia: *L'occhio del diavolo*[168].

Ed altri due lavori considerati minori dai critici, ma ugualmente importanti nella filmografia del maestro svedese, realizzati negli stessi anni e che meritano, qui, di essere ricordati.

Si tratta di una commedia brillante: *A proposito di tutte queste... signore*[169] e di un breve episodio contenuto in un film collettivo ad inviti: *Daniel* (all'interno di *Stimulantia*[170]).

La fama internazionale conquistata a buon diritto con questa serie prodigiosa di film valgono al maestro svedese la nomina, nel 1959, a regista del Dramatiska Teater[171] di Stoccolma.

Sempre nel 1959 anche la sua vita privata vedrà una svolta importante: Ingmar Bergman sposerà Kabi Laretei, una pianista che in seguito collaborerà con lui alle musiche di diversi film.

Ed arriviamo così al film oggetto di questo saggio: *Il volto*.

"Ho fatto teatro a Malmo dal 1952 alla fine della stagione '58-'59. Il volto, che è dell'estate 1958, rispecchia le mie esperienze di quel periodo.[172]*"*

Lo stesso Ingmar Bergman spiega meglio la *ratio* del suo film nel corso di una intervista rilasciata a Gian Luigi Rondi, uno dei critici italiani più devoti al maestro.

"Non ero in buoni rapporti con alcuni critici, avevo avuto delle difficoltà con il mio produttore, con il mio teatro ed inoltre la mia situazione economica non era precisamente delle migliori. Avevo trovato divertente come in una specie di gioco simbolico con me stesso, mettere in ridicolo questa situazione tanto complicata.[173]*"*

I cattivi rapporti di Ingmar Bergman coi critici, (evidentemente, non solo con quelli svedesi) videro, prima, un inasprimento, alla

---

168 *Djavulens oga*, 1960.

169 *For att inte tala om dessa kvinnor*, 1963.

170 *Daniel*, 1963.

171 Confidenzialmente chiamato dagli addetti ai lavori *Dramaten*.

172 Ingmar Bergman, *Immagini*.

173 Gian Luigi Rondi, *7 domande a 49 registi*.

successiva Mostra del Cinema di Venezia, quando a *Il volto* furono preferiti, per il Leone d'Oro, *ex-aequo* due film italiani: *La grande guerra* di Mario Monicelli e *Il generale della rovere* di Roberto Rossellini, ma il suo film conquistò comunque il Premio Speciale della Giuria (Il leone d'Argento) per la originalità poetica e la raffinatezza formale.

Poi videro, addirittura, una forma di timido disgelo, quando i critici, ma non all'unanimità, assegnarono a *Il volto* anche la Coppa Pasinetti come miglior film della rassegna. Alcuni furono contrari: rimproverarono al regista *soltanto* alcuni passaggi oscuri e un gusto eccessivo per i valori formali (Sic! N.d.A.).

Ed infine gli fu attribuito un terzo premio: il Premio Targa per il cinema nuovo al regista del miglior film. (Sic! N.d.A.)

SINOSSI E SCENEGGIATURA

Verso la metà del '800 una carrozza attraversa un bosco atro. Viaggia verso la città più grande della Scandinavia. Trasporta un gruppo di persone, guidato dall'illusionista Albert Emanuel Vogler, che forma la cd. *Compagnia medico-ipnotica del Dottor Vogler.*[174]

Nella compagnia di Vogler (seguace delle pratiche del mesmerismo[175]) ci sono la moglie Manda, che si presenta travestita da ragazzo con il nome di Aman, la nonna e Tubal.

La carrozza è guidata dal giovane Simons. Al confine l'intera compagnia viene fermata e accompagnata dalla polizia a palazzo.

---

174 Come la Elizabeth Vogler di Persona (1965) il dottore è muto.

175 Franz Anton Mesmer (Moos, 23-5-1734 – Meersburg, 5-3-1815) medico e filosofo, svolse la sua attività in Austria, Germania e Francia, tra la fine del '700 e l'inizio del '800. Le sue teorie hanno dato vita al mesmerismo, e può considerarsi il precursore dell'ipnosi.

Al palazzo trovano ad attenderli il console Egerman e la moglie Ottilia, e il dottor Vergerus[176], un medico di Stato positivista[177] e scientista[178].

Vergerus, si presenta e dopo che si sono presentati anche tutti i componenti della compagnia, inizia a interrogare pesantemente Vogler (che essendo muto risponde per bocca di Tubal) accusandolo essenzialmente di curare i malati con il magnetismo[179], utilizzando così le dubbie teorie di Mesmer.

Egerman invita Vogler ad accomodarsi, dopo di che il capo della polizia legge da un foglietto...

Dottor Vogler su tutti i giornali di questa città voi avete annunciato uno spettacolo mirabolante, fatti e avvenimenti sensazionali mai veduti prima d'oggi, manifestazioni di magia ricavate dalle filosofie orientali, emissioni di influssi magnetici a carattere terapeutico e stimolante.

Alzando gli occhi dalla scrivania e rivolgendosi al dottore seduto davanti a lui...

Questo è opera vostra dottor Vogler?

Prende la parola Tubler, in difesa di Vogler, muto.

Questo insulso avviso, la cui stesura suonerebbe come offesa ad una persona di cultura non fu redatto dal dottor Vogler, signori.

Vergerus: *Gradiremmo che il dottor Vogler rispondesse direttamente*

---

176 Il cognome Vergerus nei film di Ingmar Bergman viene associato sempre ad individui equivoci e negativi.

177 Il Positivismo è un movimento ispirato ad idee guida riferite in genere all'esaltazione del progresso e del metodo scientifico.

178 Lo Scientismo è il movimento tendente ad attribuire alle scienze fisiche e sperimentali e ai loro metodi, la capacità di soddisfare tutti i problemi e i bisogni dell'uomo.

179 Il magnetismo è quel fenomeno fisico, per cui alcuni materiali sono in grado di attrarre il ferro nonché di trasmettere tale capacità ad altri materiali.

alle domande che gli rivolgiamo.

Tubal: *Egli è privo del dono della parola. E' muto, signori.*

Il capo della polizia: *Ed anche il signor Aman è per caso ugualmente impedito?*

Aman: *No!*

Il capo della polizia: *Finora non avete detto nulla.*

Aman: *Perché finora non mi hanno chiesto nulla, signori.*

Vergerus: *E voi altri vivete professando la magia?*

Aman: *Nessuno l'ha detto.*

Vergerus: *Il signor Tubal.*

Aman: *Usiamo apparecchiature, specchi e proiezioni, cose semplici e del tutto innocue.*

Vergerus: *Un'altra domanda, il signor Vogler cura i malati?*

Aman: *Nessuno l'ha detto.*

Vergerus: *Sappiamo che il dottor Vogler sotto altro nome ha compiuto una tourneè in Danimarca e che lì spacciandosi per medico visitava malati nella locanda.*

Leggendo da un foglio...

I pazienti erano sistemati in una camera buia e magnetizzati secondo i principi di Mesmer, queste cure hanno provocato attacchi nervosi di vario genere e momentanea pazzia.

Aman: *Perché chiedete cose che già sapete?*

Vergerus: *Per quanto ci risulta si riscontra un notevole dualismo nelle attività del signor Vogler.*

Il capo della polizia: *Che volete dire dottor Vergerus?*

Vergerus: *In primo luogo c'è l'idealista dottor Vogler che esercita l'attività medica con i dubbi principi di Mesmer, in secondo luogo c'è l'assai meno idealista Vogler che propina ai gonzi le sue dubbie virtù taumaturgiche tramite le pozioni di sua composizione; se ho ben afferrato le attività della compagnia spaziano fra questi due ...estremi.*

Il console Egerman: *Voi potete dirmi se il dottor Vogler ha poteri soprannaturali?*

Tubal: *Signori miei questo interrogatorio è offensivo per voi come per noi altri. Se abbiamo fatto cose illegali accusateci.*

Il capo della polizia: *E' proprio quello che noi vogliamo appurare.*

Da una porta che sta in fondo alla sala, alle spalle della scrivania entra la moglie del console, che viene presentata ai componenti della compagnia. E' tutta vestita di nero.

Il capo della polizia: *Signor Vogler dovete scusarci ma i fatti emersi fino a questo momento sono poco indicati ad ispirare fiducia.*

Dopo di che Vergerus ispeziona la bocca di Vogler per scoprire l'eventuale, motivo del suo mutismo. Che peraltro non trova.

Il capo della polizia riprende l'interrogatorio: *Il vostro avviso annuncia che voi siete capaci di provocare sconvolgenti e orribili visioni tra le persone presenti.*

Tubal: *Si con l'ausilio di una lanterna magica, un giocattolo ridicolo e completamente innocuo.*

Vergerus: *Non credo che alludevate a dei giocattoli.*

Vergerus sfida Vogler a provare su di lui i suoi poteri magici.

Intanto il capo della polizia, non ritenendo che siano stati commessi reati da alcuno, dà l'autorizzazione alla compagnia per mettere in scena uno spettacolo.

Gli ospiti vengono intanto invitati a cena, ma vengono fatti accomodare nella cucina con la servitù. Il console e il medico fanno una scommessa: vincitore sarà il console se Vogler riuscirà a dimostrare che esistono forze soprannaturali.

"...Il che impone di ammettere l'esistenza di un Dio."

Tubal offre a Sara e Sanna, le due giovani fantesche e a Sofia, la cuoca, un filtro d'amore, ma Sofia gli concede un appuntamento galante, mentre Sara, corteggiata da Simson[180], fa l'amore con lui nella lavanderia.

Sanna, che invece è l'unica rimasta sola, piange sconsolata. La nonna la consola, cantandole una canzone d'amore.

Vogler e la moglie approntano intanto la lanterna magica[181].

La moglie del console chiede perdono a Vogler a nome di tutti gli abitanti del palazzo per le umiliazioni a lui inflitte e confida ai due di aver perso la figlia alcuni mesi prima.

"Voi mi spiegherete - dice - *perché mia figlia è morta, perché il cielo l'ha voluta. Siete qui per alleviare il mio dolore."*

Vergerus scopre Manda senza il travestimento androgino e le offre ospitalità, escludendo il marito. Vergerus, rivolto a Manda Vogler: *Devo confidarle un segreto. Tutta la sera ho combattuto una dura battaglia contro l'inspiegabile simpatia che nutro per lei e per suo marito, il mago. Non appena siete entrati nella stanza, ho provato simpatia per voi: i vostri volti, il vostro silenzio, la vostra naturale dignità. E' deplorevole, e certo non direi queste cose se non fossi un po' brillo.*

Manda Vogler, gli risponde: *Se lei sente questo, dovrebbe lasciarci in pace.*

Vergerus: *Non posso.*

Manda Vogler: *Perché?*

Vergerus: *Perché voi rappresentate quello che detesto di più.*

---

180 Interpretato da Lars Ekborg.

181 Strumento di proiezione, antesignano del proiettore, molto caro al maestro svedese ed emblematico della sua biografia che s'intitola appunto *Lanterna magica.*

L'inspiegabile.

Vogler arriva e indispettito percuote il medico.

Più tardi, mentre è a letto con la moglie le confida il suo odio verso la gente del palazzo.

Il mattino dopo viene fatta la prova generale dello spettacolo. Durante la quale viene scoperto il trucco della levitazione. Subito dopo, però, la moglie del capo dello stato sotto pesante ipnosi procuratale da Vogler, dice cose molto spiacevoli nei confronti del marito. Al risveglio, come se niente fosse successo, riprenderà ad essere affettuosa con lui.

Il servo Antonsson, ch'era stato legato con una catena immaginaria, al termine dell'esperimento aggredisce Vogler, che caduto pesantemente a terra viene creduto morto da tutti.

Vogler, che ha solo finto di essere morto, chiede alla moglie di chiudere a chiave la porta della soffitta dopo che Vergerus sarà entrato per effettuare l'autopsia su di lui. Vergerus, rimasto solo con il cadavere, viene terrorizzato da Vogler con una serie di trucchi raccapriccianti.

Quando i nervi di Vergerus stanno per cedere interviene la moglie di Vogler, Manda, che prega il marito di non infierire. Vergerus capisce di essere stato umiliato.

Vogler è il vincitore, ma umilia se stesso chiedendo in cambio del denaro.

Mentre vengono preparati i bagagli, Tubal decide di rimanere con Sofia, e Sara di restare con Simson e di aggregarsi alla compagnia. Proprio al momento della partenza arriva la polizia con l'incarico di invitare la compagnia a tenere uno spettacolo per il Re.

Il capo della polizia legge l'invito del re:

Per ordine di sua Maestà il Re ho il dovere di comunicarvi che sua Maestà in persona ha espresso il suo più vivo desiderio di assistere a una rappresentazione ipnotica del dottor Vogler. Vi ordino pertanto di condurre immediatamente il succitato Vogler a palazzo in modo che egli possa predisporre i preparativi per lo spettacolo di stasera.

Dal Palazzo Reale, Stoccolma 14 luglio 1846. Firmato il Maestro di cerimonie.

L'invito viene naturalmente accettato dall'altezzoso Vogler, che, con atteggiamento piuttosto altero, si raccomanda di preparare le sue attrezzature e spedirle al palazzo reale, facendo cura ed attenzione, perché, ammonisce:

"...è un complesso di gran valore."

Anche il resto della compagnia si dirige veloce e con allegria verso il palazzo reale.

RECENSIONE

Come accennato in altra sezione di questo saggio, Ingmar Bergman ritiene di aver riportato in questo film parte della esperienza vissuta nei sette anni di permanenza a Malmo, dove dirigeva il locale teatro.

"Il pubblico per il quale recitavamo, ma non frequentavamo, viene rappresentato nel Volto *dalla famiglia del console Egerman. Il console[182] è un pecorone che vuole mantenere le distanze, stabilire regole e che per ovvi motivi si terrorizza allorché scopre che la moglie si è mescolata con la plebaglia.[183]"*

Altro personaggio emblematico è Starbeck, il capo della polizia.

"Il capo della polizia[184] è un quadro-limite, concepito con molta lucidità. Rappresenta i miei critici. E' una presa in giro abbastanza bonaria di tutti quelli che vogliono cercare di scoprirmi per criticarmi. Il critico teatrale di allora riteneva che suo compito essenziale fosse di insegnarmi quello che dovevo fare e quello che

---

182 Interpretato da Erland Josephson.
183 Ingmar Bergman, *Immagini.*
184 Interpretato da Toivo Pawlo.

non dovevo fare. Probabilmente si provava soddisfazione a schiaffeggiarmi in pubblico.[185]"
Ancora un personaggio ai confini con la realtà.
"Anche l'ufficiale sanitario aveva un indirizzo concreto. (...) Vergerus è un'altra cosa, un po' più divertente. E' sbucato fuori da un irrefrenabile bisogno di prendermi una piccola vendetta su Harry Schein *(...) un critico cinematografico del* Bonniers Litterara Magasin, *che a quel tempo era una rivista di gran peso culturale. Era una persona intelligente e arrogante; quel che scriveva aveva risonanza entro una ristretta cerchia di persone.*[186]"
Lo stesso Ingmar Bergman rivela che il critico è, nella vita reale, marito di Ingrid Thulin e che ripetutamente aveva affermato che sua moglie avrebbe dovuto cessare l'attività di attrice di cinema e di teatro, per dedicarsi piuttosto all'artigianato artistico.
Fortuna volle che l'ascendente del critico sulla moglie attrice fosse pari a quello che esercitava sull'amico regista, cioè pari a zero; altrimenti in cattivo giudizio di quel critico avrebbe privato il mondo di una delle attrici bergmaniane più brave e più belle.

E arriviamo a Manda/Aman, la moglie di Vogler:
"Il perno della storia in se è, naturalmente, l'androgino Aman/Manda[187]. *E' attorno a lei e al suo misterioso personaggio che tutto si muove. Lei rappresenta la fede nel sacro dell'essere umano. Vogler invece si è arreso. Lui fa un teatro da strapazzo e lei lo sa. Manda è molto aperta nella sua conversazione con Vergerus: Il miracolo è avvenuto una volta e lei ne è la portatrice. Ama Vogler, nonostante sia ben cosciente che lui ha perduto la fede.*[188]"

Si giunge poi ad un altro personaggio chiave del film: Tubal[189].
Il Maestro continua nel gioco della identificazione della sua

---

185 Ingmar Bergman, *Immagini.*
186 Ingmar Bergman, *Immagini.*
187 Interpretata da Ingrid Thulin.
188 Ingmar Bergman, *Immagini.*
189 Interpretato da Ake Fridell.

personalità nei suoi personaggi; che impersonano nelle sue pellicole alcuni sui propri atteggiamenti; parti del suo carattere; le sue inclinazioni; i vizi o le qualità; i difetti o le prerogative; comunque interpretano pezzi della sua propria vita.

Il maestro scrive in proposito:

(in questo film; n.d.A.) *"Tubal è l'esploratore. Lui è Ingmar Bergman che cerca di convincere il Direttore Dymling, della Svensk Filmindustri sull'utilità del suo ultimo film. Davanti alla direzione aziendale totalmente scettica*[190]*, avevo dunque smerciato Il volto come un'infernale commedia erotica. A causa dello scandalo la direzione della Svensk Filmindustri non poteva più negare che avevo avuto successo. Fino a prova contraria lo si era ottenuto.*[191]*"*

Altro personaggio centrale, anche se sembra marginale rispetto alla trama del film, è la vecchia nonna[192].

"Ha duecento anni ed è una strega. Può far rovesciare candelabri e far scoppiare bicchieri. E' quindi una vera maga, con radici nelle più profonde tradizioni. Vende elisir d'amore e risparmia i soldi che guadagna col suo mestiere. Ora pensa di ritirarsi e di non essere più pericolosa.[193]*"*

Ed infine, l'ultimo tra i personaggi centrali del film: l'attore Johan Spegel[194].

"Lui muore due volte. Come Agnes[195] *in* Sussurri e grida*, muore ma resta impigliato per strada. Spegel è morto, però non è morto."*

Lo stesso Spegel, in una scena del film, tra le più drammatiche, fa sfoggio di tutte le sue capacità interpretative.

"Non sono morto. Ma ho già cominciato a camminare. In verità è meglio per me essere fantasma che essere uomo. Sono diventato più

---

190 Scettica, esattamente, come la commissione improvvisata al palazzo composta dal medico, dal capo della polizia e da Vergerus.

191 Ingmar Bergman, *Immagini*.

192 Interpretata da Naima Wifstrand.

193 Ingmar Bergman, *Immagini*.

194 Interpretato da Bengt Ekerot, la celeberrima *Morte* de *Il settimo sigillo*.

195 In una delle ultime scene del film Agnes resuscita.

convincente. Come attore non lo sono mai stato. "
In una battuta molto eloquente, che ha anche il compito di rivelare tutta la sapienza di Ingmar Bergman nel saper confondere vita e morte; il sogno e la realtà; la vita vera dalla recitazione.
Spegel è un anche un alcolizzato.
Come vedete, sono molto malato. Volete mitigare le mie sofferenze offrendomi un po' d'acquavite? Benché sia la mia rovina l'acquavite è anche il mio balsamo. "
Spegel è anche colui che scoprirà subito e per primo la doppiezza di Vogler, capendone il carattere e le potenzialità negative.
Lo definirà, infatti: *"Un furfante che ha bisogno di nascondere il suo vero volto.* "
Ed è anche lo stesso uomo che dice: *"Ho sempre desiderato un coltello. Una lama che potesse mettere a nudo le mie viscere. Liberare il mio cervello, il mio cuore. Rendermi libero dal mio contenuto. Tagliare la mia lingua e il mio sesso. Una lama di coltello affilata che raschiasse via ogni impurità. Così il cosiddetto spirito potrebbe elevarsi da questo cadavere senza senso.* "
Un uomo, infine, che vorrebbe credere; che vorrebbe conservare la fede in Dio, ma che ne è rimasto profondamente deluso.
E lo dice *apertis verbis*.
Lo confessa rivolto al buio oltre il quale è nascosto Vogler.
"Ho fatto una preghiera nella mia vita: usami! Manovrami. Ma Dio non ha mai capito quale forte e devoto schiavo io fossi. Così ho dovuto andarmene inutilizzato. Del resto anche questa è menzogna. Si fa un passo dopo l'altro nel buio. Il movimento stesso è l'unica verità. "

Gran bel film questo *Il volto* di Ingmar Bergman.
Sicuramente il più enigmatico tra tutti quelli del maestro svedese.
In esso il regista pare sospeso tra il razionalismo, l'illuminismo e il positivismo dello scienziato Vergerus e le pratiche magiche dell'ipnotico Vogler.
Finendo per dipingere fedelmente quanto realmente avveniva nella vecchia Europa alla metà del secolo XIX°.

Non a caso Ingmar Bergman sceglie con cura l'ambientazione: lo fa proprio perché vuole descrivere l'atteggiamento mentale che anche le persone più colte all'epoca praticavano: da una parte propugnando le nuove discipline scientifiche, dall'altra strizzando l'occhio sia alla magia tradizionale, retaggio di anni più bui, sia alle nuove pratiche del mesmerismo.

Vergerus, scientista e positivista, da una parte; Vogler, ipnotista e mesmerista, dall'altra, incarnano la posizione attendista e indecisa, in una parola baricentrica, di Ingmar Bergman.

Che, poi, è anche quella comune a molti intellettuali razionalisti di quell'epoca.

CONCLUSIONE

Il volto è un film strano e straniante; enigmatico, forse anche più dello stesso *Persona*.

Fatto di momenti bui, sapientemente alternati a sprazzi di pura commedia.

Come avviene nel finale del film, ad esempio, con l'allegro carosello dei commedianti e delle guardie che si inseguono per gli scaloni del palazzo, su un sottofondo di musica brillante.

Il film ha anche diviso gli estimatori dei grandi capolavori del cinema di Ingmar Bergman: alcuni di loro lo hanno addirittura preferito al *Settimo sigillo* e al *Posto delle fragole*. Io, nel mio piccolo, non sono fra questi.

Tuttavia non si può sostenere che in questo film Ingmar Bergman non abbia saputo continuare magistralmente nel suo *divertissement* fatto di dualismi e contrapposizioni.

Senza peraltro mai indicare dove sia la ragione, anzi sparigliando le carte; e senza nutrire l'ambizione di indicare da quale parte sia il bene e da quale il male, anzi certe volte, addirittura confondendoli.

Non si può sostenere che abbia saputo, ancora una volta, spiegarci cosa voglia dire desiderarsi, amare, sposarsi, congiungersi sessualmente, attrarsi magneticamente tra sessi diversi. Ha raccontato l'amore in alcune delle sue diverse sfaccettature: l'amore matrimoniale muto e devoto di Vogler e della sua consorte; il matrimonio bianco del console Egerman e della moglie, che dalla morte della figlia non giacciono più insieme; l'amore giovanile tra Simson e Sara; l'amore maturo tra Tubal e Sofia.

Non si può sostenere che non sia brillantemente riuscito a contrapporre l'essere all'apparire: come avverrà qualche anno dopo in *Persona*[196], anche qui la moglie del console scambia Vogler per il marito.

Come non si può sostenere che sia riuscito a giocare con gli specchi[197], coi volti e le loro espressioni, con le maschere: un gioco che peraltro gli è sempre congeniale quando adopera la... lanterna magica.

Che non abbia saputo prendere in giro, ancora una volta, l'arte della recitazione e le professioni medico-scientifiche (come in molti film precedenti e successivi).

Come che non sia riuscito a porsi una serie di interrogativi e poi, con la disinvoltura che gli è consueta, disattendere le risposte, anzi aspettare che lo spettatore se le cerchi da solo.

Ha anche cercato di filmare e di raccontare l'impossibile: il momento supremo della morte, come era avvenuto in altri suoi capolavori; di fotografare l'attimo dell'ultimo passaggio, del trapasso dal quale è stato ossessionato per quasi tutta la sua vita: quella reale e quella professionale.

Un lungo e insieme breve momento che fa descrivere con dovizia di particolari e sensazioni fisiche ad un suo personaggio (l'attore alcolizzato) che, in una delle scene più drammatiche, si rivolge al dottor Vogler.

E chi, più del dottor Vogler, tra tutti i personaggi del film, potrebbe raccogliere meglio questa eloquente, magistrale testimonianza

---

196 Nella scena in cui il marito dell'attrice Elisabeth scambia l'infermiera Alma per la moglie.
197 Uno dei personaggi si chiama addirittura Spegel, che tradotto, significa specchio.

tanatologica?

Volete... volete cogliere il momento supremo, vero? Guardatemi, allora. Cercherò di aprire il mio volto alla vostra curiosità. Che cosa provo? Terrore, sì! E anche sollievo. La morte ha raggiunto le mani, le braccia, i piedi, lo stomaco. Ora non vedo nulla. Sono morto! Siete perplesso, siete in dubbio. La morte è... .
Singulti, rantoli, e l'uomo... muore.

Così è la morte secondo Ingmar Bergman.
Ma nemmeno lui, il Genio di Uppsala, che ha passato tutta la sua attività di regista a cercare di cogliere l'attimo, di studiarne le cause, di indagarne le paure, è mai riuscito a svelare il segreto supremo; l'umano, insondabile mistero della vita e della morte.
Tanto meno ad arrivarci vicino.

L'ORA DEL LUPO

(1966)

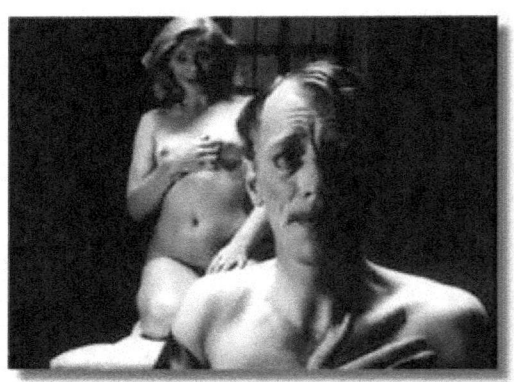

Titolo originale: *Vargtimmen*

Titolo in inglese: *Hour of the wolf*

PROLOGO

Il 1966 fu un anno molto proficuo per Ingmar Bergman.
Non fosse altro perché con *Persona*[198] riscosse un grande successo di critica e perché la casa di distribuzione cinematografica americana United Artists gli offrì un milione di dollari per acquistare i diritti del film.
Il 1966 è anche un anno felice: dalla sua relazione con Liv Ullman nacque la figlia Linn. Ma è anche l'anno che gli riserverà un grande dolore personale: morirà la madre Karin Akerblom. E fu anche un anno di riflessione e di nevralgiche scelte professionali: dopo aver messo in scena al Dramaten[199] due lavori di Peter Weiss e di Moliere, alla fine dell'anno restituirà il mandato di Direttore affermando che quell'impegno ulteriore... *"mi assorbe troppo"*. Ed infine, sempre nel 1966, iniziò le riprese di *L'ora del lupo*[200], nella riserva naturale di Skareleden, ad Hovs Hallar, dove aveva già ambientato la celeberrima scena iniziale de *Il settimo sigillo*[201].

SINOSSI E SCENEGGIATURA

LUCI A POSTO? IL TRUCCO? SILENZIO! CIAK. AZIONE.[202]
Il film si apre con la notizia della scomparsa del pittore Johan Borg.
Il pittore Johan e sua moglie Alma, in attesa di un bambino, vanno a vivere su un isola deserta.
"L'isola è la gabbia strindberghiana, la prigione nella quale l'uomo si trova rinchiuso quando non riesce a risolvere il problema del

---

198 *Persona*, 1966. (Pur essendo stato girato nel luglio del 1965, la prima del film risale al 18.10.1966)
199 Dramatiska Teater di Stoccolma.
200 *Vargtimmen*, 1966.
201 *Det Sjunde inseglet*, 1957.
202 Dalla sceneggiatura del film.

rapporto con gli altri e quindi dell'amore.[203]"

Johan tormentato dagli incubi e dai suoi demoni ha la strana abitudine di restare sveglio di notte e costringe a questa pratica logorante anche la moglie.

Johan, infatti, nella prima parte del film, spiega alla moglie Alma perché *"...un tempo la notte era fatta per dormire sonni caldi e profondi"*, mentre *"questa è l'ora peggiore"* e le ricorda perché *"il popolo la chiama l'ora del lupo"*.

Johan, rivolto ad Alma (è notte, i due sono immersi completamente nel buio e lui regge in mano un cerino acceso che si sta velocemente estinguendo): *Alma...*

Alma: *Si!*

Johan: *Sei stanca?*

Alma: *No. Non molto.*

Johan: *Da molte sere siamo svegli fino all'alba.* (Sospira) *Ma questa è l'ora peggiore.* (Accende ancora un cerino) *sai come si chiama?*

Alma: *No!*

Johan: *Il popolo la chiama l'ora del lupo. E' l'ora in cui molta gente muore. E molti bambini nascono. E quando gli incubi ci assalgono. E se restiamo svegli...*

Alma: *Abbiamo paura.*

Johan: *Si! Paura.*

Il cerino che Johan regge tra le dita si spegne. La scena cambia. Finalmente si vedono due mani a coppa che accendono una candela.

In basso a destra dell'immagine per qualche fotogramma si vede il profilo di Alma.

Le mani fatte a coppa si aprono e si allontanano dalla candela accesa: sono quelle di Alma che sospira e si copre il viso.

Johan: *Alma! Che cosa fai dormi?*

Alma: *No! Sono sveglia, ho la schiena rotta. Questo silenzio opprime la mente. Sembra una cosa irreale, neanche il mare si sente. Una pace tremenda. Non è vero?*

Johan: *Stai piangendo?*

Alma: *Non piango, penso al bambino e a questa silenziosa oscurità.*

---

203 Sergio Trasatti, *Ingmar Bergman.*

Come se non dovesse più far giorno.
Johan: (le carezza la guancia col dorso della mano) *Ti capisco.*
Alma: (Implorandolo) *Tienimi la mano. Sto molto meglio.*
Johan le accarezza la fronte. Dissolvenza.

Un giorno Alma, che sta da sola mentre il marito è andato a dipingere un paesaggio, viene raggiunta da un'anziana signora.
Quella strana figura, prima cercando di rassicurarla, finisce invece per atterrirla, dicendole sorridente: *Non ti mangio mica.*
(Un'eco del vecchio titolo *Gli antropofagi*?)
Poi, alimentando ancora di più lo stupore di Alma, le confessa di avere 216 anni, poi si corregge subito: in realtà di anni ne ha solo 76. Infine, prima di andarsene, le consiglia caldamente di leggere il diario del marito.
Oltre che per dipingere, un altro dei motivi per i quali Johan è sull'isola è costituito dalla contemporanea presenza lì di una donna con la quale ha avuto in passato una relazione: si tratta di Veronica Vogler. La relazione fu interrotta perché provocò uno scandalo di dominio pubblico.
Una sera, mentre sono ospiti al castello del barone von Merckens, popolato dagli stessi demoni che il pittore schizza continuamente sul suo diario, Johan ed Alma assistono ad una rappresentazione del *Flauto magico* di Mozart, con piccoli attori che agiscono in un teatro di marionette.[204]
Johan racconta ad Alma di aver ucciso un piccolo demone che lo aveva irretito, adescato, assalito, tentato di morderlo sul collo, mentre pescava sulla scogliera.
Un episodio di pedofilia alla rovescia che qualcuno ha letto come paura della omosessualità latente derivante dell'episodio che Ingmar Bergman stesso narra nella sua autobiografia.
"Alma[205], in cucina, aveva raccontato che nel guardaroba abitava un

---

204 Gli attori sono reali, ma vengono rimpiccioliti con un trucco cinematografico.
205 La giovane cameriera di casa Bergman.

piccolo essere che mangiava le dita dei piedi ai bambini cattivi. [206] "
Recenti studi psicoanalitici collegano la paura dell'omosessualità all'insorgenza di forme ossessive paranoidi che possono accrescere la fantasia dell'individuo. Si tratta di una caratteristica personale che se accompagnata ad una certa abilità o talento personali, consente all'artista che ne è afflitto di raggiungere risultati sensazionali.[207]
E' certamente il caso di Ingmar Bergman.
Finalmente Johan si reca al tanto anelato appuntamento con Veronica Vogler, al castello del barone von Merckens. Ma la rinviene morta, stesa come sul tavolo di un obitorio. Quando comincia a toccarla lei resuscita.
In realtà la donna non è Veronica Vogler ma una persona che le somiglia e che si finge cadavere.
(E, in effetti, non si tratta dell'attrice Ingrid Thulin, ma è interpretata dall'attrice Mona Selitz.[208])
Che sia la messinscena di uno scherzo architettato dai suoi demoni?
I demoni, infatti, che hanno assistito divertiti a tutta la scena, alla fine si divertono anche a mettere in fuga Johan che, tornato a casa, spara ad Alma con una pistola che conservava segretamente e che gli è stata consegnata dall'ambiguo assistente sociale Heedbrand.
Alma si salva, contrariamente a quanto fa sapere subito la baronessa, è solo ferita e si mette alla immediata ricerca del marito Johan, che, nel frattempo è scomparso.
Non troverà il marito ma solo la sua borsa nella quale è ancora conservato il suo diario.
Probabilmente lo scherzo dei demoni è portato alle estreme conseguenze: Johan resterà ucciso. Anche se lo spettatore non saprà mai se è stato ucciso dai demoni o, invece, non sia lui stesso riuscito a portare a termine un tentativo di suicidio.
Il finale del film, come accade spesso anche in quelli più drammatici di Ingmar Bergman, si apre alla speranza: Alma, fra due mesi, avrà un bambino.

---

206 Ingmar Bergman, *Lanterna magica.*
207 Claudio Papini, *Ben ritrovato, Ernst Ingmar!*
208 *Claudio Papini, Ben ritrovato, Ernst Ingmar!*

Nella scena finale si vede Alma[209] che ha appena acceso un lume a petrolio.

Nell'oscurità più assoluta appare solo il suo volto.

E' provata. Si vede.

Guarda in macchina.

Si rivolge a qualcuno; a un interlocutore invisibile e misterioso.

C'è una cosa che mi tormenta... va di fretta forse? Volevo chiederle una cosa. E' questa. È vero che una donna che vive con un uomo per molto tempo finisce poi per essere simile a quell'uomo? Sì, dico, se lei lo ama e cerca di pensare come lui, e vedere come lui, dicono che ciò cambi una persona. Perciò i suoi fantasmi li ho veduti anch'io o, forse, erano reali. Supponiamo che l'avessi amato meno e non mi fossi presa pena per tutte le sue stranezze, avrei saputo difenderlo meglio. O, forse, è stato perché non lo amavo abbastanza, che diventai gelosa. Fu per questo che quei... mangiatori d'uomini come lui li chiamava... fu per ciò che abbiamo sofferto tanto... (Sospira) Credevo di essergli tanto vicina. A volte anche lui si sentiva vicino a me. Fu lui stesso a confidarmelo. Se avessi potuto stare sempre al suo fianco... Sono pensieri che non mi danno pace, domande inutili. Certe volte non so più da che parte voltarmi neanch'io.

Alma deglutisce debolmente, gira lentamente il viso verso la sua sinistra.

Dissolvenza.

Fine.

RECENSIONE

L'ora del lupo che da il titolo al film è l'ora che va dalla notte profonda all'alba.

E' l'ora di cui ha parlato anche il regista italiano Nanni Moretti nel suo film *Caro diario*[210], quando i figli unici, per paura, si rifugiano

---

209 *"Nome insolito e nobile"* dice un ospite del castello.
210 Capolavoro morettiano del 1993.

nei letti dei propri genitori.

Si tratterebbe - come scrive il prof Giovanni Invitto[211], e come afferma anche il protagonista all'inizio del film - di qualcosa di riconducibile all'ancestrale paura del buio.

La genesi de *L'ora del lupo* va ricercata in un manoscritto, del 1962, di Ingmar Bergman che s'intitola *Gli antropofagi*. Dal quale, qualche tempo prima, aveva tratto una sceneggiatura che si chiamava *I mangiatori di uomini*.

In sostanza la storia di un uomo perseguitato da incubi animati da demoni.

Ingmar Bergman l'aveva farcita di potenti iniezioni di autobiografismo[212], condite col ricordo delle immagini di *Stregonerie attraverso i secoli*[213] di Benjamin Christensen e di *Il carretto fantasma*[214] di Viktor Sjostrom.

Ma prima ancora che in quello scritto, la genesi, va ricercata... *"In una incisione di Axel Fridell* (dove, n.d.A.) *si vede un gruppo di grotteschi antropofagi in procinto di lanciarsi su una ragazzina. Tutti aspettano che la candela della stanza, che si va oscurando, si spenga. Un debole vecchio la protegge. Un autentico Antropofago in costume da clown attende nell'ombra che la candela si consumi. Ovunque nel buio s'intravedono figure terrificanti."*

A tutto ciò si aggiunga ancora quello che giunge dal *cotè* autobiografico, sempre presente nelle opere del Maestro. Rappresentato in questo caso, innanzitutto, dal forte esaurimento nervoso dovuto ad uno stato di depressione psico-fisica, derivante dal carico di superlavoro e di impegno che lo aveva portato alla realizzazione di *Persona*[215] che, oltre ad averlo completamente

---

211 *Tempi del cinema, tempi nel cinema. Tra filosofia e psicoanalisi.*

212 August Strindberg: *"L'autobiografismo è la forma più alta di letteratura."*

213 *Haxan (titolo originale) è un film in bianco e nero di genere horror, del 1922, della durata di 87 minuti. Narra la storia della stregoneria, descritta attraverso i documenti dei processi del XV e del XVI secolo.*

214 *Korkarlen,* capolavoro del cinema muto del 1921, al quale si è ispirato anche Stanley Kubrik nella famosa scena dell'ascia nel suo *Shining.*

215 *Persona,* 1966.

svuotato, ne aveva addirittura provocato il ricovero in una clinica. Ma anche e soprattutto effetto della recente e dolorosa morte della madre; dai problematici rapporti della madre col padre; dai suoi altrettanto problematici rapporti col padre; dalla paura della morte e dalla relativa angoscia del vivere.

Qualche giorno dopo un'accanita discussione, con relativo schiaffeggiamento che Ingmar Bergman dovette subire dalla madre, nel suo ufficio al Dramaten, relativa al rifiuto del regista di andare a trovare il padre in ospedale per un cancro all'esofago, Ingmar Bergman viene raggiunto dalla notizia della morte della madre.

"Con mia sorpresa scoppiai in un pianto dirotto, senza ritegno... Passò subito. Poco dopo mi ritrovai solo con la mamma nell'appartamento silenzioso.. Era distesa sul letto, indossava una camicia da notte di flanella e una liseuse *azzurra lavorata a maglia. Il capo era leggermente reclinato di lato e le labbra socchiuse. Era pallida, con delle ombre intorno agli occhi, i capelli ancora scuri erano pettinati con cura - no, i capelli non erano più scuri, erano grigio ferro, e negli ultimi anni tagliati corti... Le mani riposavano sul seno. Sull'indice sinistro c'era un piccolo cerotto.*[216]"

Ma i primi contatti del regista svedese con la triste realtà della morte risalgono alle sue frequentazioni con il parco dell'ospedale di Sophiahemmet dove accompagnava il padre che spesso era chiamato per celebrare la messa nella cappella.

Lì, girovagando in libertà, si imbatté un giorno nella *"...cappella mortuaria, una piccola costruzione in mattoni nel cuore del parco. (...) Grazie all'amicizia col custode che effettuava i trasporti tra l'ospedale e la cappella potei ascoltare molte belle storie e vedere molti cadaveri in diversi stadi di decomposizione.*[217]"

Un'altra esperienza traumatica che influirà non poco sulla psicologia di Ingmar Bergman e che lascerà una ferita profonda e non facilmente rimarginabile, fu la profonda crisi matrimoniale dei suoi

---

216 Ingmar Bergman, *Lanterna magica.*
217 Ingmar Bergman, *Lanterna magica.*

genitori.

La madre arrivò sull'orlo della separazione col padre, essendosi invaghita di un giovane pastore protestante.

Solo l'intervento del superiore del padre, il pastore decano della parrocchia di Hedvig-Eleonora impedì che la famiglia si sfasciasse.

"Noi non sapevamo che la mamma stava vivendo un amore appassionato e che il papà soffriva una profonda depressione. La mamma era pronta a rompere il matrimonio, il papà minacciò di togliersi la vita, si riconciliarono e decisero di rimanere insieme ...per amore dei bambini, come si diceva a quel tempo. Noi non ci accorgemmo di nulla o quasi. (...) I miei genitori si riconciliarono e l'arciricca zia Anna li portò con sé in un lungo viaggio attraverso l'Italia. La nonna materna li sostituì, l'ordine e l'illusione di sicurezza vennero ristabiliti.[218]"

Ma l'esperienza che lasciò un segno indelebile nella psiche del bambino Ingmar Bergman fu, sicuramente, quella che visse quando rimase chiuso per qualche ora nell'obitorio senza poterne uscire.

Come pure - ricorda sempre Ingmar Bergman - devono aver influito i racconti della nonna.

"Prima di cena ci sedevamo sul suo divano verde. Lì discorrevamo per qualche ora. La nonna parlava del Mondo, della Vita ma anche della Morte (che occupava molto i miei pensieri)[219].

In realtà, come appena detto, *L'ora del lupo* è uno dei film di Ingmar Bergman più ricco di citazioni autobiografiche ma è anche ricchissimo di citazioni tratte dalla sua ricca filmografia: ne riassumiamo solo alcune.

Il protagonista Johan si chiama Borg, come Isak Borg, il protagonista di *Il posto delle fragole*[220].

L'amante di Johan, Veronica si chiama di cognome, Vogler, come la Elisabeth Vogler di *Persona*[221], l'attrice mutacica e come

---

218 Ingmar Bergman, *Lanterna magica.*
219 Idem.
220 *Smulltronstallet,* 1957.
221 *Persona,* 1966.

l'ipnotizzatore de *Il volto*[222].

In più, Jonathan Vogler era un virtuoso del violino che frequentava l'Accademia e dava lezioni, marito di un'amica di Kabi Laretei, musicista anch'essa, che Ingmar Bergman sposò nel settembre del 1959.[223]

C'è un ragno anche in questo film, anche se con funzione diversa, ma come quello citato da Karin nell'altro film *Come in uno specchio*[224].

La moglie del pittore Johan si chiama anch'essa Alma[225], come l'infermiera di *Persona*[226] e la moglie del clown bianco Frost di *Una vampata d'amore*[227].

Infine, Johan, truccato da Lindhorst per l'incontro con la sua vecchia amante, evoca il personaggio di Frost, il clown bianco, marito di Alma, di *Una vampata d'amore*[228].

"I clown bianchi hanno un significato ambiguo: belli, duri, pericolosi, in equilibrio sul confine tra la morte e una sessualità distruttiva.[229]"

Qualcuno ha pure pensato di assimilare *L'ora del lupo* ad una favola gotica. In effetti l'immagine del *marchen*[230] è evocata nel film dalle numerose scene al buio; dal castello; dai demoni che si materializzano; dal demone stesso che assume le sembianze del corvo; dagli stormi di corvi e di altri uccelli che svolazzano sul castello del barone; dal barone von Merckens che levita disinvolto nell'aria mentre Johan incontra la sua Veronica Vogler e quando raggiunge il soffitto dice: *Non fateci caso è solo perché sono geloso."*; dal demone che cammina sui muri come un geco, sfidando

---

222 *Ansiktet,* 1958.

223 Ingmar Bergman, *Immagini.*

224 *Sasom i en spegel,* 1960.

225 La parola *Alma* può avere un duplice etimo: può derivare dal sostantivo latino *anima,* oppure dall'aggettivo *alma-, chi alimenta; chi nutre.* (G. Invitto, *Tempi del cinema, Tempi nel cinema. Tra filosofia e psicanalisi.*)

226 *Persona,* 1965.

227 *Gyklarnas afton,* 1953.

228 *Gyklarnas afton,* 1953.

229 Ingmar Bergman, *Immagini.*

230 In tedesco la fiaba si chiama *märchen.*

anch'egli la legge di gravità; dall'altro episodio surreale di una vecchia che quando si toglie il cappello si stacca anche la faccia e depone un suo bulbo oculare nel bicchiere dello *sherry*. Episodio che potrebbe avere qualche analogia oggettiva con la sequenza onirica che Louis Bunuel narra nel suo film *Le chien andalou*[231]: la mano di un uomo che, armata di rasoio, taglia orizzontalmente il bulbo oculare di una donna. Se è vero che l'occhio è lo specchio dell'anima, quel gesto chirurgico significa, allora, appropriarsi dell'anima della vittima?[232]

CONCLUSIONI

Nel film, non casualmente, è inserita una scena, che si svolge al castello, nella quale gli ospiti, con Johan e Alma, assistono ad un brano dell'opera mozartiana *Il flauto magico*, nella quale si vedono impegnati attori veri, rimpiccioliti con un trucco cinematografico.[233]
E' il brano nel quale, Tamino, il protagonista dell'opera, solo di fronte al palazzo, chiede:
O notte oscura, quando ti dissolverai? Quando troverò la luce nella tua tenebra?
E il coro gli risponde:
O presto, presto, o mai più.
Subito dopo Tamino apprende la notizia che Pamina, la sua amata, è ancora in vita.
Rispondete: Pamina è ancora in vita?
Le voci rispondono a Tamino da lontano:

231 Un cane andaluso. 1929. Manifesto filmico del surrealismo scritto con Salvador Dalì.
232 Giovanni Invitto, *Tempi del cinema, tempi nel cinema. Tra filosofia e psicoanalisi.*
233 Nel 1974 Ingmar Bergman dirigerà *Trollflojten,* una versione cinematografica della stessa opera ancora oggi considerata la migliore riproduzione di un opera lirica al cinema.

Pamina, Pamina vive ancora!

"Queste dodici battute contengono due domande ai limiti estremi della vita, ma anche due risposte. Quando Mozart scrisse la sua opera era già malato, l'intuizione della morte lo sfiorava. In un momento d'impaziente disperazione grida: O notte oscura! Quando ti dissolverai? Quando troverò la luce nella tenebra? *Il coro risponde ambiguo:* presto, presto o mai più. *Mozart, mortalmente malato, grida una domanda alla tenebra. Da questa tenebra risponde egli stesso alla propria domanda - o riceve una risposta? Così l'altra domanda: Pamina vive ancora? La musica traduce la semplice domanda del testo nella più grande delle domande: è vivo l'amore? E' reale l'amore? La risposta giunge tremante ma piena di speranza, in una strana suddivisione del nome di Pamina: Pa-mi-na vive ancora! Non si tratta del nome di una giovane donna, è una parola in codice che indica l'amore: Pa-mi-na vive ancora! L'amore esiste. L'amore è reale nel mondo degli uomini.[234]"*

Così scrive e spiega ancora Ingmar Bergman la scena descritta.
"La macchina da presa tocca il viso di tutti. La ritmizzazione del testo è un cifrario: Pa-mi-na *significa amore. Vive ancora l'amore?* Pamina lebet noch, *l'amore vive ancora. (…) La macchina da presa su Liv: è una doppia dichiarazione d'amore. Liv era incinta di Linn. Linn era nata proprio nel giorno in cui abbiamo filmato l'entrata di Tamino nel cortile del palazzo.[235]"*

In Ingmar Bergman e nei sui film spesso realtà e fantasia si fondono e lui stesso scrive nella sua autobiografia queste frasi emblematiche.
"Era difficile distinguere la fantasia da quello che era considerato reale. Se mi sforzavo potevo magari costringere la realtà a mantenersi reale, ma c'erano per esempio i fantasmi e gli spiriti: Come dovevo fare con loro? E le fiabe, erano reali? Dio e gli angeli? Gesù Cristo? Adamo ed Eva? Il diluvio universale? Come

---

234 Ingmar Bergman, *Immagini.*
235 Ingmar Bergman, *Immagini.*

stavano realmente le cose con Abramo e suo figlio Isacco, pensava davvero di tagliargli la gola? Fissavo eccitato l'incisione del Doré, mi identificavo con Isacco, questo era reale: papà pensa di tagliare la gola ad Ingmar, pensa cosa succede se l'angelo arriva troppo tardi. Allora possono piangere. Il sangue scorre e Ingmar sorride, pallido. Realtà.
Poi arrivò il proiettore.[236] "

Un'ultima annotazione: Johan Borg, il pittore famoso, potrebbe essere lo stesso regista: oltre ad avere le stesse iniziali di nome e cognome è anche famoso per i suoi studi di volti, e la parola volto è ricorrente nella filmografia del Maestro.[237]

---

236 Ingmar Bergman, *Lanterna magica.*
237 *Ansiktet* (*Il volto,* 1958) e *Ansiktet mot ansiktet* (*L'immagine allo specchio,* 1975).

LA VERGOGNA

(1967)

Titolo originale: *Skammen*

Titolo in inglese: *The shame*

PROLOGO

La vergogna: è la guerra vista da Ingmar Bergman.
Infatti si sarebbe dovuto chiamare proprio: *La guerra*.
Dice Ingmar Bergman: *"Ma per tutto il tempo in cui scrivevo la sceneggiatura, la storia s'intitolava:* I sogni della vergogna.[238] *"*
"Quando rivedo La vergogna, *trovo che è spezzato in due parti. La prima metà, dedicata alla guerra, è brutta. L'altra, sugli effetti della guerra, è bella. La prima metà è assai peggiore di quanto immaginassi, ma l'altra è migliore rispetto a come la ricordavo."* (E, in effetti, n.d.A.) ... *"la parte migliore del film inizia quando la guerra finisce ed iniziano i dolori. Comincia nel campo di patate, dove Liv Ullman e Max von Sydow si muovono in un cupo silenzio. Si può forse dire che l'altra parte si faccia carico di un intreccio un po' troppo artefatto circa un pacco di banconote che per parecchie volte cambia possessore. E' drammaturgia americana degli anni cinquanta. Ci sono comunque alcuni particolari, nella prima metà, che vanno bene. Inoltre, l'inizio del film è buono. La situazione della coppia e lo sfondo sono stabiliti con efficacia.[239] "*
Il film fu proiettato in prima assoluta, contemporaneamente a Stoccolma e al Festival di Sorrento. Dove era presente, in sostituzione del regista, rimasto da solo nella sua amata Faro, la protagonista principale, nonché, in quel periodo, compagna di vita di Ingmar Bergman, Liv Ullman.
"La prima della Vergogna *ebbe luogo il 29 settembre 1968. Il giorno dopo stesi nella mia agenda di lavoro il seguente appunto: Me ne sto a Faro e aspetto. Se ci si isola completamente per propria volontà, la solitudine può essere anche abbastanza bella.[240] "*
Ingmar Bergman era convinto di aver costruito un ottimo prodotto, come ne era convinto all'epoca di almeno altri due suoi film: *Nave*

---

238 Ingmar Bergman, *Immagini*.
239 Ingmar Bergman, *Immagini*.
240 Ingmar Bergman, *Immagini*.

per le Indie[241] e *L'uovo del serpente*[242].

Come credeva di avere anche contribuito con la sua testimonianza al dibattito globale sul problema della guerra: *"Credevo inoltre di aver portato un contributo al dibattito sociale (la guerra del Vietnam).*[243]*"*

E credeva anche che: *"... La vergogna fosse un film ben fatto.*[244]*"*

Ne era talmente convinto che, forse, in cuor suo, pensando che avrebbe potuto raccogliere una messe di consensi, convocò i giornalisti a Faro.

Invece, proprio lì gli piovve addosso, proveniente per fortuna solo da una parte della stampa presente, un'accusa inaudita, alquanto generica e frettolosa, di qualunquismo.

Il regista se ne sarebbe reso reo per alcune dichiarazioni espresse proprio nei confronti della guerra del Vietnam.

A tali critiche il Maestro rispose, semplicemente ma fermamente, dicendo di non essere interessato a sapere di chi fosse la responsabilità della guerra in Vietnam, né di tutti gli altri innumerevoli focolai bellici sparsi per il mondo.

Con molta probabilità i giornalisti che obiettarono si riferivano, in modo particolare, alla scena, e soprattutto ai dialoghi, della intervista rilasciata dalla protagonista Eva Rosenberg all'intervistatore di una radio[245], per un programma che avrebbe dovuto chiamarsi: *Voci della libertà, 1968.*

Intervistatore: *Che idee politiche segue?*

Eva Rosenberg: *Non ho nessuna idea politica.*

Intervistatore: *Come, non ha idee politiche?*

Eva Rosenberg: *E' difficile tenersi al corrente qui. Abbiamo la radio rotta da tanto tempo.*

Intervistatore: *Per lei è indifferente in quale sistema politico deve vivere?*

---

241 *Skepp till Indialand*, 1947.
242 *Ormens agg*, 1976.
243 Ingmar Bergman, *Immagini.*
244 Ibidem.
245 Interpretato da Vilgot Sjoman.

Eva Rosenberg: *No, ma con questa guerra che dura da tanto... Per noi non è facile avere delle...*
Intervistatore: *Ma ha delle preferenze?*
Eva Rosenberg: *Sì..."*

Il dibattito politico (non la politica) a Ingmar Bergman ha sempre creato qualche pensiero, specie nei suoi rapporti con la stampa.
Forse per questo motivo il maestro svedese ha sempre mostrato di disinteressarsene.
Fin dal momento in cui dovette rispondere delle sue presunte simpatie per il nazismo e per Hitler.
L'episodio increscioso e, probabilmente sopravvalutato dai suoi detrattori, viene descritto doviziosamente dallo stesso Ingmar Bergman nella sua autobiografia e si riferisce ad una sua vacanza in Germania nel 1934, quando aveva appena 16 anni, ospite della famiglia un pastore protestante.
"Capitai nella famiglia di un prete in Turingia, in un paesino di nome Haina, a mezza strada tra Weimar e ed Eisenach... Il mio amico Hannes sembrava ritagliato da un giornale di propaganda nazionalsocialista: biondo alto, occhi azzurri, un sorriso franco, orecchie piccolissime e una peluria che sarebbe divenuta barba... La domenica la famiglia andò alla messa. La predica del pastore fu sorprendente. Il suo punto di partenza non furono i vangeli ma il Mein Kampf... A Weimar doveva tenersi il congresso del partito con una gigantesca manifestazione capeggiata da Hitler... Io e la famiglia del pastore occupammo i nostri posti vicino alla tribuna d'onore... Alle tre in punto s'udì qualcosa simile all'avvicinarsi di un uragano... Il boato crebbe e coprì i suoni del temporale che nel frattempo s'era scatenato... Il Fuhrer parlò... Quando il discorso finì, tutti gridarono il loro Heil!, il temporale cessò e i caldi raggi del sole squarciarono le nubi blu e nere.[246]"

A questo lungo racconto (che in realtà sarebbe stato molto più lungo, ma dal quale l'Autore di questo saggio ha estratto i passi salienti) si

---

246 Ingmar Bergman, *Lanterna magica.*

aggiunga che:

1) per il suo compleanno Ingmar Bergman ricevette dalla famiglia ospite una foto di Hitler che l'amico Hannes appese sul suo letto;

2) che il fratello maggiore Dag fu uno dei fondatori e degli organizzatori del partito nazionalsocialista svedese;

3) che un suo insegnante di storia era entusiasta dell'antica Germania;

4) che il suo insegnante di ginnastica andava tutte le estati ai raduni ufficiali in Baviera;

5) che alcuni preti della parrocchia erano nazisti nascostamente;

6) che buona parte degli amici di famiglia manifestavano, più o meno apertamente, simpatie per la Grande Germania;

7) e, infine, che anche il padre votò più volte per il partito nazionalsocialista.

Tutto questo quadro cambiò, e con esso anche l'opinione di Ingmar Bergman sul nazismo, su Hitler e i suoi luogotenenti, appena qualche mese dopo la fine della guerra.

Quando vennero alla luce e si scoprirono agli occhi del mondo intero tutti gli orrori veri del nazismo.

"Le testimonianze dai campi di concentramento furono per me un colpo, dapprima la mia ragione non volle accettare quel che i miei occhi registravano. Come molti altri definii quelle immagini menzogne manipolate dalla propaganda. Quando infine la verità prevalse sulla mia resistenza fui preso dalla disperazione, e il disprezzo di me stesso - che già mi opprimeva – si rafforzò fino a superare il limite del sopportabile. Solo più tardi capii d'essere, nonostante tutto, piuttosto innocente... Venni messo brutalmente a contatto con un'aggressività che corrispondeva ampiamente a quella che provavo io. Lo sfolgorio esteriore mi abbagliò. Non vidi la tenebra[247]"

Forse anche questi motivi suoi personali e intimi contribuirono alla

---

247 Ingmar Bergman, *Lanterna magica.*

realizzazione, dopo più di un trentennio dalla fine della grande guerra, esattamente nel 1976, de *L'uovo del serpente*[248], il suo unico film nel quale l'argomento del nazismo viene sfiorato.

Nel film si tratta, piuttosto, dei suoi prodromi e non proprio dei orrori più marchiani, o comunque non del suo aspetto più disumano: quello dei campi di sterminio, bensì dei suoi aspetti più nascosti, più psicologici.

Non a caso il film è ambientato, infatti, nel 1923, esattamente tra il 3 e l'11 del mese di novembre e la storia si dipana in una atmosfera cupa e opprimente.

E, tutto sommato, si concretizza in un monito politico di Ingmar Bergman contro la diffusione di tutte le ideologie più disumane e terribili. Forse un chiaro, diretto riferimento di Ingmar Bergman all'antico latinetto: *Homo homini lupus*, ripreso successivamente dal commediografo Plauto nella sua opera *Asinaria*: *"Lupus est homo homini*[249]*"* e, infine, dal filosofo inglese Thomas Hobbes, nel XVII° secolo.

SINOSSI

Eva e Jan Rosenberg (interpretati da una sensazionale Liv Ullmann e da un Max von Sidow in stato di grazia), sono una coppia di artisti, musicisti, per l'esattezza.

Suonano entrambi il violino.

Non hanno figli.

Ma sognano di averne in futuro (specie lei).

Anzi, progettano di avere un figlio, senza sapere, naturalmente, che da lì a poco la guerra arriverà anche sul loro eremo.

Dopo lo scioglimento della loro orchestra si sono, infatti, ritirati su un'isola deserta, dove sopravvivono coltivando verdure e ortaggi.

Senza lussi né confort ma, almeno, in piena tranquillità.

---

248 *Ormens agg*, 1976.
249 Traduzione letterale: *L'uomo è lupo per gli altri uomini.*

Nel mondo, però, già infuria la guerra.

Eva e Jan si troveranno presto alle prese, prima con il manifestarsi del conflitto sotto i loro occhi - morte, distruzione, assenza di senso - poi con le sue spiacevoli conseguenze.

La coppia sarà costretta ad attraversare esperienze terribili e umilianti ad opera, ora dell'uno ora dell'altro esercito.

Infatti poco dopo la loro vita verrà sconvolta dagli eventi bellici. Il corpo di un paracadutista – già morto – atterra improvvisamente sull'isola, dove arriveranno altri militari che, sospettando i due di essere gli uccisori del loro sodale, li arrestano con l'accusa di collaborazionismo.

Il colonnello Jacobi, vecchio spasimante di Eva, aiuta la coppia in carcere e contemporaneamente insidia la donna, che alla fine cede al serrato corteggiamento del soldato.

Lui le affida perfino una somma di denaro in custodia.

Jan scopre casualmente i soldi che Jacobi (interpretato da Gunnar Bjornstrand) aveva affidato ad Eva; li sottrae; esegue l'ordine perentorio del pescatore Filip della resistenza; uccide a sangue freddo il rivale in amore e anche un altro soldato, capitato casualmente sull'isola.

Gli uomini di Filip cercano invano i soldi di Jacobi finiti nelle mani di Jan.

Non li trovano e danno fuoco alla fattoria dei Rosenberg.

Non ritenendosi più al sicuro, Eva e Jan decidono di fuggire per mare.

Le efferatezze di cui sarà capace Jan non sono ancora finite.

Le sue mani si macchieranno ancora di sangue.

Uccide un giovane disertore che si è nascosto in una serra e che è in procinto di fuggire su un barcone, per mare.

Con in tasca i soldi sottratti al colonnello ucciso, che si riveleranno preziosissimi ma sono anche il prezzo del tradimento di Eva, caricano su un carretto trainato Jan poche cose e fuggono in silenzio.

In una delle poche battute che lo spettatore udirà fino al racconto finale del sogno, Eva dice al marito: *Cosa sarà di noi se non riusciamo più a parlarci?*

Torna anche ne *La Vergogna* un tema caro a Ingmar Bergman: quello della incomunicabilità tra gli individui.

Sempre silenziosi, stanchi e affranti, i due raggiungono il mare, dove comprano un passaggio su un barcone in partenza, non si sa per dove. In mare aperto, il natante va alla deriva, in un mare pieno di cadaveri galleggianti. Una scena apocalittica. Jan rema nel mare di cadaveri, non sa quasi dove affondare il suo remo. Lo usa per spostare i corpi morti dalla rotta del barcone. Qualche passeggero si acquatta sul fondo della barca per non assistere all'orrore dei morti galleggianti. Solo nel finale tutti i cadaveri, come per miracolo scompariranno, ed Eva racconterà il suo sogno: ricorda a Jan di aver sognato di avere una figlia.

Di seguito il testo tratto dalla sceneggiatura originale del film, scritto, come al solito meravigliosamente, da Ingmar Bergman.

"Ho fatto un sogno. Percorrevo una bellissima strada, da un lato c'erano delle case tutte bianche con arcate, colonne, portici, mentre dall'altro lato c'era un vastissimo parco e sotto gli alberi, lungo tutta la strada, scorreva dell'acqua verde cupo. Sono arrivata a un alto muro: era completamente ricoperto di rose. Poi all'improvviso un aeroplano ha incendiato le rose. Io non avevo alcuna paura. Era tutto così splendido. Stavo lì a guardare nell'acqua e vi vedevo quelle rose bruciare. Io avevo una bambina in braccio, era nostra figlia. Si stringeva contro di me e sentivo che la sua bocca mi sfiorava la guancia e per tutto il tempo sapevo che dovevo ricordare qualcosa che qualcuno aveva detto e che io avevo dimenticato."

RECENSIONE

La vergogna (Skammen) non è un film di guerra (ovviamente), ma un film sulla guerra; anzi, sugli effetti della guerra sull'uomo e sui rapporti dell'uomo coi suoi simili.

Un film che spiega come lo stato di necessità possa deformare e straniare la psiche delle persone e condurle a rendersi protagoniste di atti efferati, come mai sarebbero stati capaci di porre in essere in condizioni normali.[250]

E, oltre che su sugli orrori generati dalla guerra, è anche un film sulla speranza che deve animare il dopo-guerra.

Al momento in cui il progetto partì, nella mente del Maestro, doveva chiamarsi, semplicemente, *La guerra*.

"Quando feci La vergogna, *avevo un intenso desiderio di rappresentare senza perifrasi la violenza della guerra. Ma le mie intenzioni e i miei desideri erano superiori alla mia competenza. Non capivo che quello che si chiedeva a un contemporaneo impegnato a descrivere la guerra erano una tenacia e una precisione professionale di tutt'altro genere rispetto a quelle che potevo mettere nell'opera.[251] "*

Il film è anche la risposta indiretta del Maestro al dibattito socio-politico sulla guerra (anche quella all'epoca più attuale e più tristemente famosa: la guerra del Vietnam).

Ed è anche la scelta ufficiale di campo del regista.

Egli condanna definitivamente la guerra, sposando (ovviamente e definitivamente) un atteggiamento, completamente ed indiscutibilmente, pacifista.

In effetti far uscire un film sulla guerra in pieno 1968 era impresa che poteva passare per la mente, e riuscire, solo all'individualista, solipsista Ingmar Bergman.

Nonostante le polemiche che suscitò all'epoca, il suo film e il suo messaggio sembrano molto più eloquenti e chiari oggi di quanto non debbano essere apparsi alla fine degli anni '60.

In più egli tenne sempre a precisare che si dichiarava, non solo contro la guerra, ma anche contro ogni forma di violenza e di sopraffazione dell'uomo sull'uomo.

E, in effetti, il caso de *La vergogna* non costituisce nemmeno la

---

250 Concetto espresso nella famosa battuta di Evald Borg (figlio di Isak): *Non esiste il bene e il male. Ma solo la necessità. E ciascuno vive secondo le proprie esigenze.* (Dalla sceneggiatura del film: *Il posto delle fragole*)

251 Ingmar Bergman, *Immagini*.

prima volta che Ingmar Bergman prende, nei suoi film, posizione nei confronti della guerra. A ben guardare, infatti, la polemica anti-bellica era già presente in molte sue importanti opere precedenti:

- in *Persona*[252] (benché solamente nel Prologo) mostra le immagini dei bonzi che si danno fuoco per protesta contro l'invasione militare del loro paese;

- ne *Il settimo sigillo*[253], fa sbeffeggiare la guerra (nel caso specifico le Crociate) da Jons il sagace e facondo scudiero; ed anche il Cavaliere Antonius Block mostra di non esserne tanto entusiasta;

- in *Luci d'inverno*[254] la sua idea anti-bellica era presente come catastrofe annunciata nell'ossessione del pescatore Johan Persson che, prima si fissa, poi impazzisce definitivamente, infine si suicida, per il rischio, giudicato incombente e inevitabile, della bomba atomica cinese e per l'odio immane che si sta accumulando nel mondo;

- ne *Il silenzio*[255] mostrava, quasi come monito di un mondo inquieto e nervoso e guerrafondaio, carovane di carri armati che percorrono la misteriosa e incomprensibile città di Timoka.

Il tema della guerra, quindi, che era già stato solo accennato dal regista, nei film citati precedentemente, qui diventa centrale: ed è rappresentato da Ingmar Bergman come la violenza contagiosa della Storia, un demone senza volto né nome, che scatena la perfidia e la violenza latenti in ogni uomo.

In una parola: il fattore scatenante di tutti i mali e della distruzione del mondo.

---

252 *Persona,* 1966.
253 *Smulltronstallet,* 1957.
254 *Nattsvardgasterna,* 1963.
255 *Tystnaden,* 1963.

Non a caso Ingmar Bergman si disinteressa di farci sapere chi abbia dichiarato guerra a chi; chi siano gli eserciti che si fronteggiano, né su quale scenario geografico; né tanto meno quali ne siano le reali motivazioni.

Lo spettatore sa solo, per deduzione, che ad un certo punto il teatro di alcune operazioni belliche diventa l'isola sulla quale Eva e Jan avevano scelto di abitare dopo il ritiro dall'attività dei musicisti.

La vergogna è anche una finissima metafora sul valore dell'arte; un film sull'atteggiamento dell'arte, anzi degli artisti, nei confronti della violenza e della violenza della guerra.

E' rimasta celebre la battuta del colonnello Jacobi (Gunnar Bjornstrand): *"Santa libertà dell'arte, santa fragilità dell'arte!"*

L'arte, in questo caso la musica, viene vista come strumento per innalzarsi e per raggiungere il livello più alto, quello delle vette eccelse concesse solo al creatore. [256]

Ma *La vergogna* è anche un film (indirettamente) sulla religione e su Dio (sebbene non si parli mai apertamente di Dio; ma si parli apertamente dell'uomo e delle sue paure e dei suoi problemi e dei suoi   sogni).

Anzi, se ci si passa il paradosso, si può dire che è un film sul silenzio dell'uomo sulla religione e su Dio, come risposta al silenzio della religione e di Dio sull'uomo.[257]

_

CONCLUSIONE

"Questo film - dice lo stesso Bergman - *tratta di persone che non hanno nessuna fede, nessuna convinzione politica e che non possono proporre niente. Sono degli ingenui. Non cercano di capire qualcosa*

---

256 *Ars gratia artis* (Traduzione letterale: *l'arte solo per l'arte*).
257 Tema assai caro a Ingmar Bergman che lo tratta in molti suoi film e in particolare nei film della cd. *Trilogia del silenzio di Dio*, composta da: *Come in uno specchio; Luci d'inverno; Il silenzio.*

né di prendere posizione.[258]"

Semplice, in modo quasi disarmante, ma magistrale e perfetta ricostruzione di un guerra *"normale"*, che alla fine fa almeno impostare ai sopravvissuti un piccolo passo verso il loro futuro e il futuro del mondo.

Il film mostra tutta la *"inevitabilità"* di un sogno comune.

E, ancora una volta, come aveva già fatto in altri film precedenti, Ingmar Bergman ricorre all'escamotage del sogno, per descrivere lo stato d'animo della protagonista e mandare in circolo un grande messaggio di vita e di speranza.

Liv Ullmann è superba nell'impegnativo ruolo centrale - che richiese un completo coinvolgimento emotivo, sia col marito (Max von Sydow) che col suo amante (Gunnar Björnstrand). Max von Sidow, è credibile e addirittura detestabile, sia nel ruolo di assassino di uomini che di potenziale, ma incapace, ...assassino di polli.

Ed è grande anche quando sviene, quasi pavidamente.

Il film fornisce anche un grande apologo sulla pericolosità delle armi e sulla loro capacità di trasformare in killer a sangue freddo anche una persona che potenzialmente non sarebbe capace di uccidere con le sue stesse mani nemmeno un mite ed indifeso animale da cortile.

Da antologia la scena nella quale Max von Sidow non riuscendo ad ammazzare una gallina, torcendogli il collo con le mani, tenta addirittura di sparare al volatile pennuto.

Peraltro non riuscendo nel suo intento.

La vergogna, (anzi, *Vergogna,* come dovrebbe essere tradotto più correttamente il titolo in svedese: *Skammen*) è, senza enfasi, uno dei più grandi film di Ingmar Bergman.

Ma, forse e a torto, anche uno dei meno conosciuti e meno reputati.

Contrariamente a quanto pensano i detrattori del maestro svedese, nella lunga scena finale di questo film più che in altri, Ingmar Bergman apre le porte alla speranza; invia un messaggio positivo e di fiducia nel futuro dell'uomo, mostrando di non prediligere pregiudizialmente scenari foschi, negativi, apocalittici e tenebrosi.

---

258 Ingmar Bergman, *Lanterna magica.*

Eva e il marito si trovano a navigare in un mare di cadaveri ed Eva inizia a sognare che è diventata mamma: il sogno ancora una volta in un film di Ingmar Bergman si fonde con la realtà[259] e viceversa.

Ma anche la morte e la vita si fondono. Come dimenticare la scena del loro compagno di viaggio che quasi in uno stato di trance si cala lentamente nell'acqua lasciandosi inghiottire dalle onde limacciose?

Ma se, sulla stessa barca, una persona smette di sognare, di credere nel futuro, ritenendo che l'unica soluzione alla sua angoscia della vita sia di abbandonarsi alla morte, nel contempo può esserci, a solo qualche metro, un'altra persona che si aggrappa alla vita e vince la paura del vivere, ma anche del morire, mantenendo in vita se stessa col sogno di diventare madre di una bambina.

Il sogno che Eva Rosenberg aveva sempre desiderato di vivere, anche quando la guerra infuriava.

Adesso, infatti, quella umanità mortificata nell'animo ma desiderosa di sopravvivere alla guerra fugge, dalla guerra e dalla morte: naviga, seppur lentamente, verso la vita e verso la sua prosecuzione: verso la speranza che tiene in vita.

Non a caso il mare si libera della presenza incombente della morte, si libera dei numerosi cadaveri, aprendo uno scenario più vivido, meno opprimente, alla vita che si perpetua.

Infine, sul significato recondito del film, l'interpretazione autentica, stringata, asciutta ma eloquente, fornita dallo stesso Ingmar Bergman, qualche anno dopo l'uscita del film nelle sale cinematografiche.

Contenente, fra l'altro, anche un chiaro riferimento *"politico"* alla Primavera di Praga.

"Il film non è sulla enorme brutalità della guerra, ma solo sulla sua meschinità. E' esattamente come quello che è successo per i Cechi. Hanno difeso i loro diritti, e ora, lentamente, essi vengono sottoposti a una tattica di abbrutimento che li logora. La vergogna non riguarda le bombe. Si tratta di una progressiva infiltrazione di

---

259 Secondo l'insegnamento di Schopenauer, che Ingmar Bergman conosce
    bene: *"La vita è un sogno ad occhi aperti."*

paura... Ma La vergogna *non è abbastanza preciso. La mia idea originale era quella di mostrare solo un giorno prima che la guerra scoppiasse. Ma poi ho scritto altre cose e tutto è andato storto, non so perché. Non ho visto di recente* La vergogna, *ed ho un po di paura a farlo. Quando si fa un quadro del genere, devi essere, necessariamente, molto duro con te stesso. E' una questione morale."*

BIBLIOGRAFIA

Ingmar Bergman, *Immagini.*
Ingmar Bergman, *Lanterna magica.*
Jacques Mandelbaum, *Ingmar Bergman, Maestri del cinema. Cahiers du cinema.*
Soren Kierkegaard, *Aut-aut.*
Sergio Trasatti, *Ingmar Bergman.*
Olivier Assayas e Stig Bjorkman, *Conversazione con Ingmar Bergman.*

Jean-Luc Godard, *Monika, Arts,* n.680, 30 Luglio 1958.

Sergio Arecco, *Ingmar Bergman, Segreti e magie.*
Antonio Costa, *Ingmar Bergman*, Marsilio, Venezia 2009.
Giovanni Invitto, *Tempi del cinema, tempi nel cinema. Tra filosofia e psicoanalisi.*
Jean-Luc Godard, *Il cinema è il cinema, Garzanti, Milano 1981.*
Gian Luigi Rondi, *Rivista del Cinematografo, 6, 1958.*
E. Rohmer, *Cahiers du Cinéma*, 94, 1959.
Alfonso Moscato, *Ingmar Bergman, La verità e il suo doppio.*
Claudio Papini, *Ben ritrovato, Ernst Ingmar!*
Gian Luigi Rondi, *7 domande a 49 registi.*

INDICE

www.ingramcontent.com/pod-product-compliance
Lightning Source LLC
Chambersburg PA
CBHW072201280526
45788CB00002B/825